时光学

30天

"全脑开发
逻辑思维训练

进阶篇

时光学编辑室 编

学校：＿＿＿＿＿＿＿

班级：＿＿＿＿＿＿＿

姓名：＿＿＿＿＿＿＿

百花洲文艺出版社

BAIHUAZHOU LITERATURE AND ART PRESS

U0671975

图书在版编目（CIP）数据

30 天全脑开发：逻辑思维训练／时光学编辑室编
. —— 南昌：百花洲文艺出版社，2022.1
　　ISBN 978-7-5500-4623-8

　　Ⅰ.①3… Ⅱ.①时… Ⅲ.①逻辑思维－少儿读物
Ⅳ.①B804.1-49

中国版本图书馆 CIP 数据核字（2021）第 274497 号

30 天全脑开发：逻辑思维训练
30TIAN QUANNAO KAIFA LUOJI SIWEI XUNLIAN

时光学编辑室 编

出 版 人	章华荣
策　　划	邹 英
责任编辑	周 晓　杨柳牧菁
封面设计	顾亚荣　邓芊芊
版式设计	游桫渲
制　　作	吴和权　易龙婷　曾 玲
出版发行	百花洲文艺出版社
社　　址	南昌市红谷滩区世贸路 898 号博能中心一期 A 座 20 楼
邮　　编	330038
经　　销	全国新华书店
印　　刷	江西省和平印务有限公司
开　　本	787mm×1092mm　1/16　　印张　16
版　　次	2022 年 1 月第 1 版
印　　次	2022 年 1 月第 1 次印刷
字　　数	15 千字
书　　号	ISBN 978-7-5500-4623-8
定　　价	99.80 元

赣版权登字　 05-2022-6
版权所有，侵权必究
邮购联系　0791-86895109
网　　址　http://www.bhzwy.com
图书若有印装错误，影响阅读，可向承印厂联系调换。

《30天全脑开发 逻辑思维训练》

—— 六大领域五大方法让思维活起来

六大领域

- **空间图形** 以空间立体结构或平面图形为载体的问题。
- **数据处理** 主要以通过数据的计算、推演解答的问题。
- **判断理解** 不需要很复杂的推理或计算过程，只要理解了某个概念或者要求就可通过判断解决的问题。
- **逻辑推理** 需要根据所给条件进行缜密推理解决的问题。
- **应用创新** 把某些新颖的创意应用在实际问题中的情况。
- **抽象概括** 需要从已知条件中总结提炼出某种规律，把抽象问题具体化解决的情况。

五大方法

过滤：过滤法：对问题中所有信息进行充分的分析整理后进行解答的方法。

试探：试探法：把能够想到的所有解决问题的可能性进行逐一验证的方法。

逆向：逆向法：从问题的结果出发反向推导从而判断验证答案的思维方法。

创造：创造法：通过改变看待问题的角度来发现解决问题的新思路的方法。

渐进：渐进法：根据已知的条件逐步推导出答案的递推式解决问题的方法。

contents 目录

01 城堡里的豌豆公主

　　豌豆公主被邪恶的魔龙囚禁在深山的城堡里，魔龙答应王子，只要他能顺利地闯过城堡前的迷宫，就饶豌豆公主一命，并允许王子带走公主。你能帮助王子找到走出迷宫的路线吗？

01 解析

让我们一起来看看王子营救公主的路线吧！

02 组合图形的周长

下面是由 10 个边长为 3 cm 的小正方形依次叠加形成的图形，每个小正方形的顶点恰好在另一个小正方形的中心，且对应边互相平行。

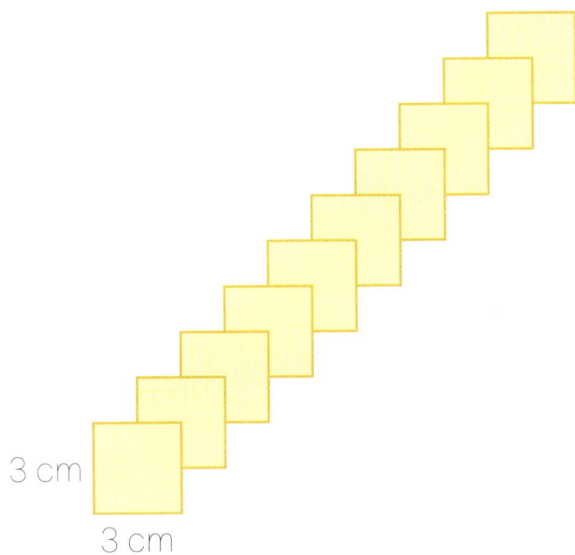

3 cm

3 cm

请问：这个组合图形的周长是多少？

02 解析

思维点睛：此题我们可以先分水平和竖直两个方向进行讨论，再把这两个方向上的长度相加，就可以求得这个组合图形的周长。

第一步

水平方向上 红色 线段的总长度：

$$（3+1.5×9）×2=33（cm）$$

第二步

竖直方向上 绿色 线段的总长度：

$$（3+1.5×9）×2=33（cm）$$

第三步

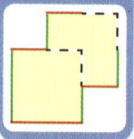

组合图形的 周长：

$$33+33=66（cm）$$

3 cm

3 cm

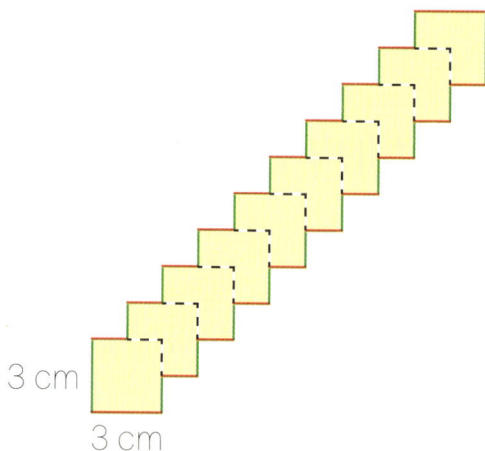

答案：这个组合图形的周长是 66 cm。

03 机智的使者

抽象概括 · 创造

解题思维方法

从前有一位草原部落的可汗，他对中原王朝的公主心生爱慕，想要迎娶回来做自己的妻子。于是可汗上书中原皇帝，表明自己的心意，还特意派出使者去中原送礼。中原皇帝给可汗的使者出了一道难题，他用宝剑在地上画了几个图形，只要使者能选出"?"处的正确图形，就答应可汗的联姻请求。机智的使者略加思索就解决了这道难题，你知道使者选择的是哪一个答案吗？

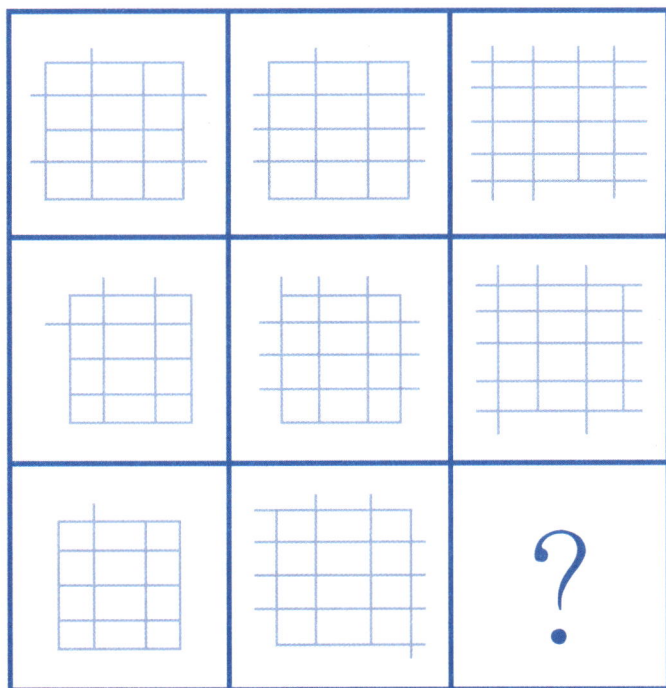

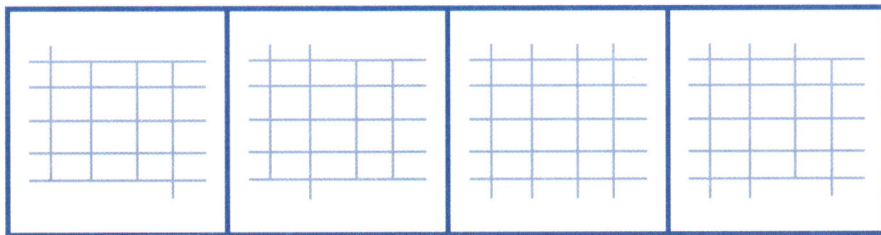

A　　　　B　　　　C　　　　D

03 解析

> **思维点睛:** 此题可以通过寻找每列图形方框外的线段数量的规律来解答。

第一步

第一列，从下往上三个图形中:

方框外的线段数量分别是 1，3，5。

第二步

第二列，从上往下三个图形中:

方框外的线段数量分别是 7，9，11。

第三步

第三列，从下往上三个图形中:

方框外的线段数量分别是? ，15，17。

将本题中每个图形方框外的线段数量汇总如下:

5	7	17
3	9	15
1	11	?

根据规律可知，"?"处的数字应该是 13，即这个图形方框外的线段数量是 13。

答案: 使者选择的是 B。

04 奔跑的小狗

苏步青是我国著名的数学家、教育家，历任复旦大学教授、校长等职。有一次在德国，苏步青与另一位著名的数学家同乘电车时，这位数学家出了一道试题给苏教授解答。试题内容如下：

甲、乙两人同时从相距 100 km 的两地出发，相向而行，甲每小时走 6 km，乙每小时走 4 km。甲带了一只小狗和他同时出发，小狗以每小时 10 km 的速度向乙奔去，遇到乙便立即回头以同样的速度奔向甲；遇到甲又回头奔向乙，直到甲、乙两人相遇，狗才停止来回奔跑。问这只小狗一共跑了多少千米？

思维点睛：此题属于多次相遇问题，也就是狗与甲、乙两人多次相遇。解答此题的关键在于理解小狗用的时间等于甲、乙两人相遇用的时间。

第一步

两人相遇的 时间：

两人相遇的时间 ＝ 两地的距离 ÷（甲的速度 ＋ 乙的速度）

100÷（6＋4）＝10（小时）

第二步

小狗跑的 路程：

小狗跑的路程 ＝ 小狗的速度 × 两人相遇的时间

10×10＝100（km）

答案：这只小狗一共跑了100 km。

05 隐雾山的野菜席

逻辑推理

过滤　渐进
解题思维方法

唐僧师徒四人在隐雾山救了一个樵夫，樵夫为了表示感谢，做了四道野菜给他们享用。师徒四人围着正方形桌子坐着，但每人爱吃的菜不同。下面是关于他们座位情况的描述。

> 1. 猪八戒不坐西面也不坐北面。
> 2. 爱吃江荠雁肠英的不坐东面。
> 3. 爱吃酸豆角白鼓丁的坐在北面。
> 4. 唐僧坐在南面，对面不是孙悟空。
> 5. 爱吃浮蕃马齿苋的坐在沙和尚的对面。

你能根据上面的信息确定师徒四人的座位吗？还有一道嫩焯黄花菜上面没有提及，你能猜出这道菜是谁喜欢吃的吗？

05 解析

思维点睛: 这是一道方桌推理题, 四个人、四个方位、四个菜。

第一步

四个人的方位:

条件 1, 猪八戒不坐西面也不坐北面。

条件 4, 唐僧坐在南面。

> 猪八戒坐在东面。

又因唐僧对面不是孙悟空, 即北面是沙和尚, 孙悟空坐在西面。

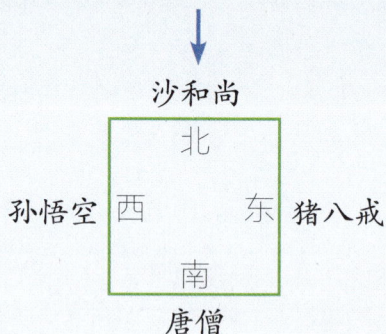

↓

沙和尚

```
        北
孙悟空  西    东  猪八戒
        南
```

唐僧

第二步

每个人爱吃的菜:

条件 3, 爱吃酸豆角白鼓丁的坐在北面。→沙和尚

条件 5, 爱吃浮蔷马齿苋的坐在沙和尚的对面。→唐僧

条件 2, 爱吃江荠雁肠英的不坐东面。→孙悟空

所以嫩焯黄花菜是猪八戒爱吃的。

答案: 唐僧坐南面, 猪八戒坐东面, 沙和尚坐北面, 孙悟空坐西面; 嫩焯黄花菜是猪八戒爱吃的。

06 猜汉字

大观园的正殿中热闹非凡，原来是回乡省亲的元春在和宝玉、黛玉、宝钗、探春等人玩猜字游戏。元春用毛笔在宣纸上写下了几个大字，让大家猜她下一个要写的字。元春提醒大家这些字是按照某种规律写的，并给大家提供了几个可选的答案。你知道她下一个要写的汉字是什么吗？

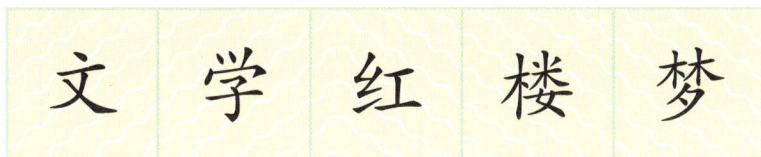

一	乙	十	才	玉	佳	？

文	学	红	楼	梦

06 解析

思维点睛： 利用汉字的笔画数形成的规律进行解答。

第一步

画

我们先看看已经写好的几个汉字的笔画数。

一：1画　乙：1画　十：2画　才：3画　玉：5画　佳：8画

第二步

红

通过总结验证可知：

从第三个汉字开始，每个汉字的笔画数等于前面两个汉字的笔画数之和，故元春接下来要写的汉字的笔画数应该为13画。

第三步

楼

再来看一看所给选项中五个汉字的笔画数。

文：4画　学：8画　红：6画　楼：13画　梦：11画

只有"楼"字是13画。

答案：她下一个要写的汉字是"楼"。

07 机器猫的时光机

应用创新

过滤　渐进

解题思维方法

　　机器猫的时光机被大雄不小心弄坏了，导致在时光穿梭中每小时会比实际慢 5 分钟。现在是 1975 年 3 月 2 日上午 10∶00，有个小偷在 1975 年 3 月 1 日凌晨 4∶00 光顾了大雄家。如果时光机每逆时针旋转一周，时间就可以往回倒退 1 小时。大雄和机器猫想要回到过去阻止小偷，那他们至少应该让时光机逆时针旋转多少周，才能刚好成功阻止小偷？

我们一起来看看这个时光机吧！

第一步

　　因为时光机是要倒转的，现在是 1975 年 3 月 2 日上午 10:00，要穿越到 1975 年 3 月 1 日凌晨 4:00，实际需要倒退的时间：

$$24:00-4:00+10:00=30（小时）$$

第二步

　　现在时光机被大雄弄坏了，每小时会比实际慢 5 分钟，那么 30 小时就会慢：

$$30×5=150（分钟）$$

$$150 分钟 = 2.5 小时$$

第三步

　　因此，为了在正确的时间阻止小偷，就需要再往前倒退 2.5 小时。

$$30+2.5=32.5（小时）$$

$$也就是旋转 32.5 周。$$

答案：他们至少应该让时光机逆时针旋转 32.5 周，才能刚好成功阻止小偷。

08 神秘岛探险

判断理解

渐进

解题思维方法

杰克船长打算驾驶自己的爱船"黑珍珠号"前往神秘岛探险。海盗 A、海盗 B、海盗 C 和海盗 D 都想乘坐杰克的船去神秘岛，但是"黑珍珠号"对船员的体重有要求，他们四人中体重最轻的才可以乘坐这艘船和杰克船长一同前往神秘岛。

海盗 A、海盗 B、海盗 C、海盗 D 四人在玩跷跷板时的体重情况如下图所示：

海盗 A 海盗 D   海盗 C

海盗 A   海盗 D   海盗 B   海盗 C

请问：你知道杰克船长会带谁去神秘岛探险吗？

我们一起来找出体重最轻的那个海盗吧！我们可以根据海盗们玩跷跷板的结果进行分析。

第一步

海盗 A + 海盗 D = 海盗 C

海盗 C 比海盗 A、海盗 D 重。

海盗 C > 海盗 A、海盗 C > 海盗 D。

第二步

海盗 A < 海盗 D

海盗 D 比海盗 A 重。

海盗 D > 海盗 A。

加上第一步可知，海盗 C > 海盗 D > 海盗 A。

第三步

海盗 B > 海盗 C

海盗 B 比海盗 C 重。

综合第一、二步可知，海盗 B > 海盗 C > 海盗 D > 海盗 A。

所以海盗 A 最轻。

答案：杰克船长会带海盗 A 去神秘岛探险。

09 奇怪的密码箱

逻辑推理 ● ↺ 逆向

| 解题思维方法 |

　　东东捡到一个奇怪的密码箱，只有把密码箱上的密码键按照正确的顺序按下才能成功打开它，而且每个按键只能按一次，最后一个被按下的必须是 OK 键。每个按键上都标有可移动的方向和步数，1U 表示向上移动一步，1L 表示向左移动一步，1D 表示向下移动一步，1R 表示向右移动 1 步。

　　下面是密码箱的按键面板。

OK	4R	2R	1D	4D	6D
1U	4R	1D	1L	5D	1D
3R	3R	1L	2D	1D	5L
3D	2U	1R	3D	3L	5L
2R	3U	1D	2R	3U	5L
1R	1D	1D	5U	4L	2U
5U	2U	6U	1U	1U	1U

　　请问：要成功打开这个密码箱，东东第一个按下的键应该是哪一个？把这个键圈出来。

09 解析

已知最后按下的为 OK 键，而与它同行、同列的键只有 1U 是可以由 OK 键逆向移动过来的。因为每个按键只能按一次，按照这样的反推方法依次找出接下来的按键：

OK → 1U → 5U → 3D → 5L → 2U → 1U → 6D → 4R

经验证，4R 键周围没有其他可以正确达到它的键，所以东东第一个应该按下的键为 4R。

答案：

OK	4R	2R	1D	4D	6D
1U	4R	1D	1L	5D	1D
3R	3R	1L	2D	1D	5L
3D	2U	1R	3D	3L	5L
2R	3U	1D	2R	3U	5L
1R	1D	1D	5U	4L	2U
5U	2U	6U	1U	1U	1U

10 数学竞赛题

明明的学校今天举行了一次数学竞赛，数学成绩一向名列前茅的明明也参加了这次竞赛。不过这次明明对竞赛结果有点把握不准了，因为他还差最后一道试题没有解答出来，到晚上都还在琢磨这道题呢。小朋友，你可以帮明明解答这个问题吗？下面是这次竞赛中的难题。

请将下面这个算式补充完整。

$$
\begin{array}{r}
\square\,\square\,\square \\
\times \qquad 8\ 9 \\
\hline
\square\,\square\,\square\,\square \\
\square\,\square\,\square \\
\hline
\square\,\square\,\square\,\square
\end{array}
$$

我们假设未知因数的个位数为 A，十位数为 B，百位数为 C 来解题。

验证 A、B 和 C 需要满足的条件是什么？

第一步 C

C 需要满足的条件：

设 C=1，$\overline{1BA}$×8= 三位数。

设 C=2，$\overline{2BA}$×8= 四位数。

当 C=1 的时候满足，当 C=2 的时候不满足。

所以 C=1。

第二步 ×

要使结果为四位数

这里必须是一位数！

	1	B	A
×		8	9
	1			
	8		
	9		

第三步 a × b

因为 113×89= 五位数，

111×9= 三位数，

所以 $\overline{1BA}$=112，

因此我们可以得出：

	1	1	2
×		8	9
	1	0	0	8
	8	9	6
	9	9	6	8

11 残缺的魔方

　　有一个五阶的正方体魔方，它由 125 个小正方体组成。现把这个魔方中的一些小正方体挖除，剩下一个残缺的魔方。下图中蓝色的方块就是贯穿整个魔方体被挖除的部分。

　　请问：这个残缺的魔方还有多少个小正方体？

11 解析

思维点睛: 对于这一类从规则的立体图形中挖掉一部分后再求剩余部分数目的问题,一般可以采用"切片法"来求解。

所谓"切片法",就是把整个立体图形切成一片一片的(或一层一层的),然后分别计算每一片或每一层的体积或其他相关数目,从而解决问题。

第一步

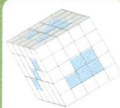

我们采用切片法,得到魔方从第一层到第五层的俯视图形。如下图所示,其中蓝色方块部分表示被挖除的部分。

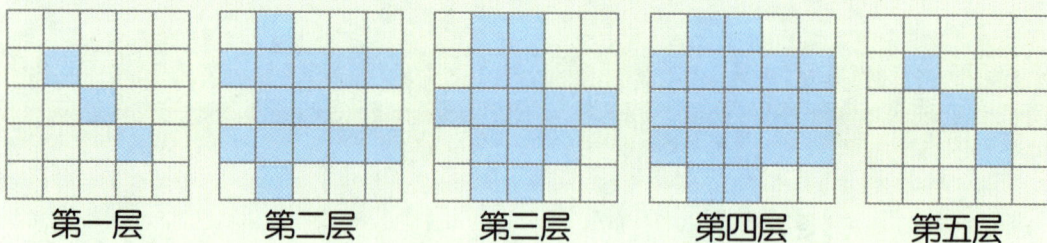

| 第一层 | 第二层 | 第三层 | 第四层 | 第五层 |

第二步

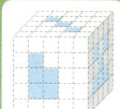

由第一步可以看出:

第一、二、三、四、五层剩下的小正方体分别有 22 个、11 个、11 个、6 个、22 个。

所以总共还剩下的小正方体数:

$$22+11+11+6+22=72(个)$$

答案:这个残缺的魔方还有 72 个小正方体。

12 数学老师的难题

抽象概括

渐进
解题思维方法

皮皮班上新来了一位数学老师，这位老师幽默风趣、年轻帅气，班里的同学都非常喜欢他。有一天，他给同学们出了一道找规律的难题，只见他在黑板上画了一些图形，然后点名让皮皮回答这道题。请你帮皮皮选一选吧！

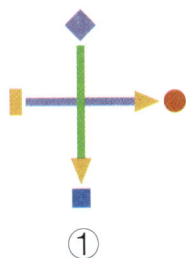

①

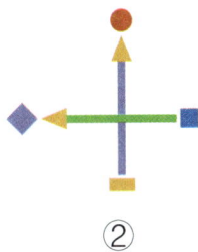

②

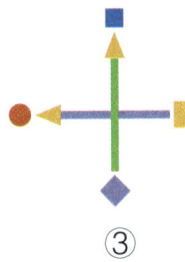

③

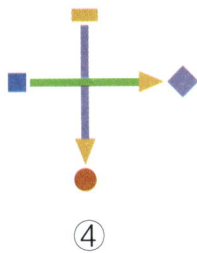

④

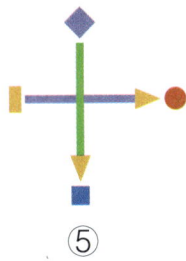

⑤

?

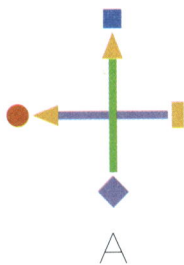

A

B

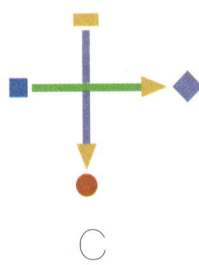

C

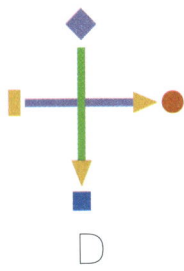

D

从①～⑤我们可以看到，每幅图中都有六种元素：

◆、▮、■、●、——►、——►。

我们通过观察可以发现：

①～⑤中"——►"是按照逆时针旋转90°变化的；

①～⑤中"——►"是按照顺时针旋转90°变化的；

①～⑤中"◆、▮、■、●"这四个图形是按照逆时针的规律移动的。

根据上面的分析，可知"?"处的图形如下：

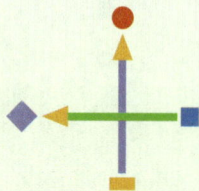

答案：B。

13 女巫的窗户

女巫有一个奇怪的房间，这个房间没有门，只有一扇用一块块方形玻璃拼成的窗户。她将一位英俊的王子关在了里面，女巫用魔法将一些数字标注在玻璃上，只要猜出"?"处的数字，就可以救出房间里的王子。你知道"?"处的数字是几吗？

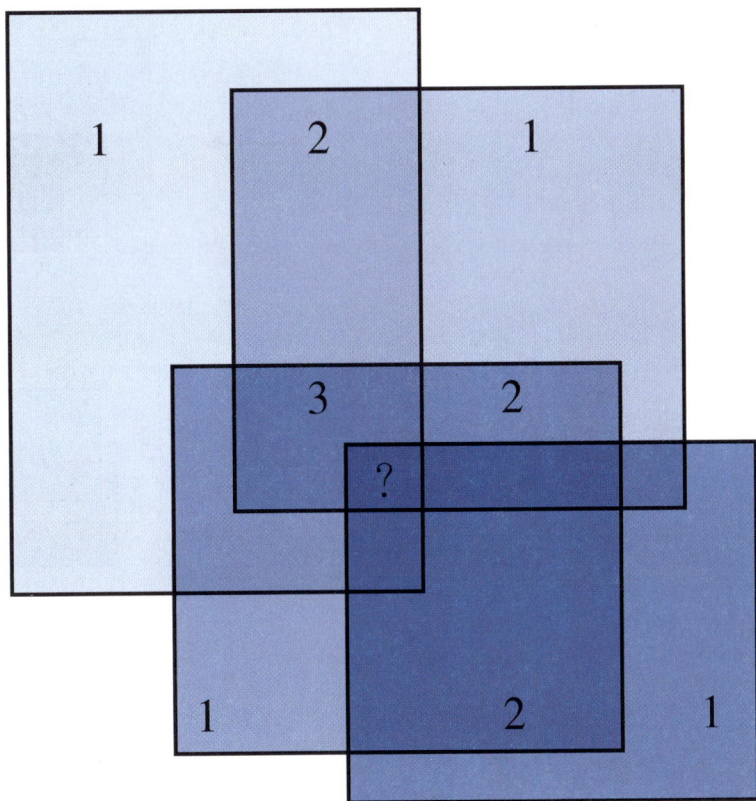

13 解析

我们一起来探究女巫窗户玻璃上的数字吧!

第一步

玻璃上的数字"1"表明此处只有 1 块玻璃,没有重叠。 →

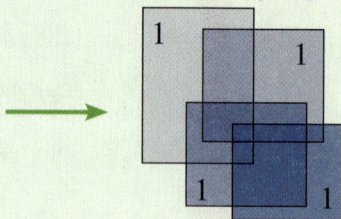

第二步

玻璃上的数字"2"表明此处有 2 块玻璃重叠。 →

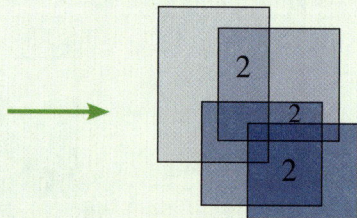

第三步

玻璃上的数字"3"表明此处有 3 块玻璃重叠。 →

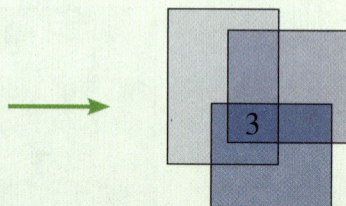

第四步

玻璃上的"?"处有 4 块玻璃重叠,说明"?"处的数字是 4。 →

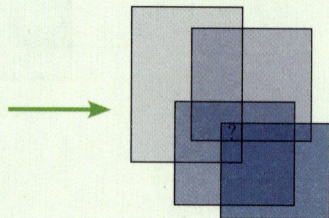

答案:"?"处的数字是 4。

14 魔毯的启动口令

　　阿拉丁通过重重考验后，终于娶到了美丽的公主为妻。一天，非洲法师趁阿拉丁不在家时假扮成卖油灯的商人，从阿拉丁妻子的手里骗走了神灯。阿拉丁回家发现后便想借助神奇魔毯追上法师要回神灯。魔毯每一次启动前都需要输入相应问题的正确口令才有魔法，这一次的问题是：魔毯上的图案（如下图）一共有多少个三角形？阿拉丁略加思索便输入口令启动了魔毯，在魔毯的帮助下，顺利地追上法师夺回了神灯。

　　你知道阿拉丁启动魔毯的口令是多少吗？

通过观察魔毯上的图形可知，一共有四种不同类型的三角形。

类型一：单独的小三角形。

如图中的红色三角形，一共有 16 个。

类型二：由 4 个小三角形组合成的三角形。

如图中的黄色三角形，一共有 7 个。

类型三：由 9 个小三角形组合成的三角形。

如图中的绿色三角形，一共有 3 个。

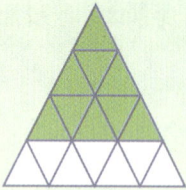

类型四：由 16 个小三角形组合成的三角形。

如图中的蓝色三角形，只有 1 个。

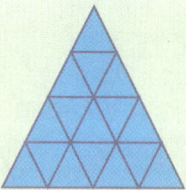

所以魔毯上的图案一共有三角形 16＋7＋3＋1＝27（个）。

答案：阿拉丁启动魔毯的口令是 27。

15 阿拉伯老人的遗产

有个阿拉伯老人给他三个儿子留了 17 匹骆驼作为遗产，老人在遗嘱中交待了遗产的分配方法：

> 大儿子得一半数量的遗产，二儿子得遗产总数的三分之一，最小的儿子得遗产总数的九分之一。

可是 17 不能被 2、3、9 整除，骆驼又不能切成块。兄弟三人都很苦恼，他们就去求助村中的长老。你能帮长老解决这个难题吗？

思维点睛: 可以让长老牵一匹自己的骆驼来参与分配,再根据老人的遗嘱内容做进一步分析。

第一步

大儿子 分到骆驼的匹数:

$$(17+1) \times \frac{1}{2} = 9 \,(匹)$$

第二步

二儿子 分到骆驼的匹数:

$$(17+1) \times \frac{1}{3} = 6 \,(匹)$$

第三步

小儿子 分到骆驼的匹数:

$$(17+1) \times \frac{1}{9} = 2 \,(匹)$$

分配遗产的原理:

因为 $\frac{1}{2} + \frac{1}{3} + \frac{1}{9} = \frac{17}{18}$,三人所分得的分率总和不为1,所以缺的 $1 - \frac{17}{18} = \frac{1}{18}$ 就是长老牵来的第18匹骆驼,分配完自然得还给长老。

答案:大儿子分到9匹骆驼,二儿子分到6匹骆驼,小儿子分到2匹骆驼。

16 神童曹冲

抽象概括

试探 创造

解题思维方法

　　曹冲是我国东汉末年有名的神童，从小就表现出惊人的天赋，理解能力很强，到五六岁时其才智便达到成人水平，留有曹冲称象的历史典故。有一天，曹操给六岁的曹冲出了一道图形题，让小曹冲选出问号处正确的图形。小曹冲稍加思索就选出了正确答案，你知道他选的是哪一个吗？

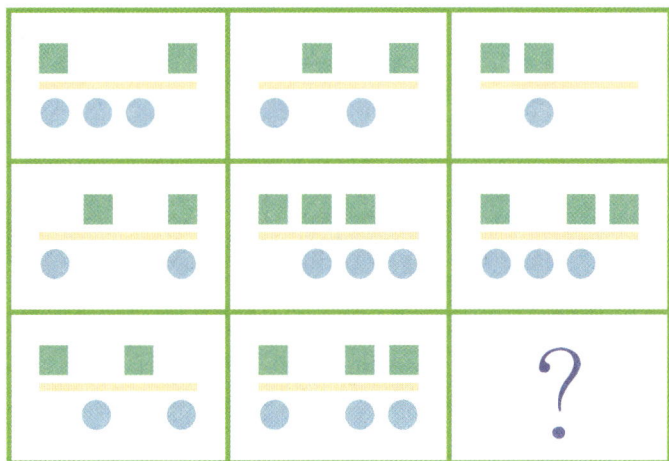

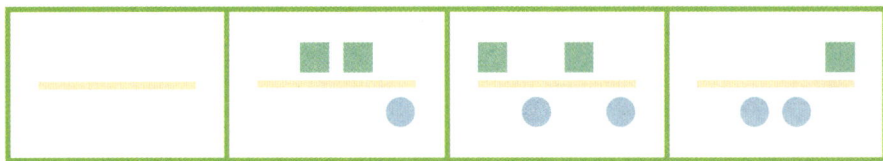

我们来看看这些图形的规律吧!

第一步 观察 **第一行** 图形:

　　通过归纳发现:此行第三幅图可以由第一幅图和第二幅图结合而成,留下两图不重合的部分,删除重合的部分,中间横线保留。

第二步 观察 **第二行** 图形:

验证可知,第二行的规律和第一行相同。

第三步 观察 **第三行** 图形:

按照这个规律分析可知,第三行中的最后一个图形为:

答案:小曹冲选的是 E。

17 红跳蚤和蓝跳蚤

如图，电子跳蚤跳一步，可以从一个小圆圈跳到相邻的小圆圈。现有一只红跳蚤从标有数字"0"的小圆圈起跳，按顺时针方向跳了1949步，落在另一个小圆圈里。一只蓝跳蚤也从标有数字"0"的小圆圈起跳，但它是按逆时针方向跳，且跳了2021步，最后落在一个小圆圈里。

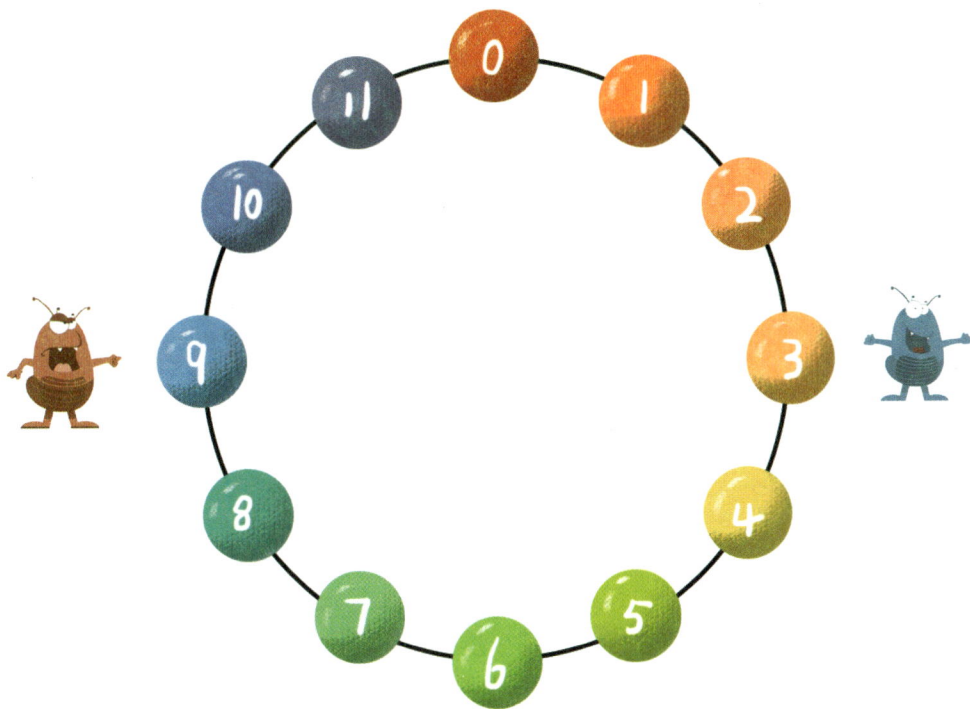

请问：红跳蚤和蓝跳蚤最后落在两个小圆圈里的数字之积是多少？

我们来看看🐞
最终落在哪一个小圆圈里。

我们再来看看🐞
最终落在哪一个小圆圈里。

🐞跳了 1949 步

🐞跳了 2021 步

由于 1949÷12＝162……5

由于 2021÷12＝168……5

所以🐞跳了 162 个整圈后，又继续从出发地，即标有数字"0"的小圆圈开始，按顺时针方向跳了 5 步。

所以🐞跳了 168 个整圈后，又继续从出发地，即标有数字"0"的小圆圈开始，按逆时针方向跳了 5 步。

🐞最终落在标有数字"5"的小圆圈里。

🐞最终落在标有数字"7"的小圆圈里。

两只跳蚤最后落在两个小圆圈里的数字之积为 5×7＝35。

答案：红跳蚤和蓝跳蚤最后落在两个小圆圈里的数字之积是 35。

18 调皮的小树蛙

数据处理

渐进

解题思维方法

一只调皮的小树蛙沿着笔直的树干垂直往上跳，每跳一次都比上一次离地面高 8 cm。它先从离地面 10 cm 高处开始跳，如果把这一处称为小树蛙的第 1 个落脚点，则它的第 50 个落脚点正好是树梢。小朋友，你知道这棵树高多少米吗？

由题意可知，小树蛙的第 1 个落脚点离地面高 10 cm，小树蛙每跳一次都比上一次离地面高 8 cm。根据以上条件，我们依次进行分析。

第一步

小树蛙的 第 2 个 落脚点离地面的距离：

$$10+1\times8=18（cm）$$

第二步

小树蛙的 第 3 个 落脚点离地面的距离：

$$18+8=10+2\times8=26（cm）$$

第三步

小树蛙的 第 4 个 落脚点离地面的距离：

$$26+8=10+3\times8=34（cm）$$

......

第四步

小树蛙的 第 50 个 落脚点（树稍）离地面的距离：

$$10+49\times8=402（cm）=4.02（m）$$

答案：这棵树高 4.02 m。

　　某侦察队准备将凌锋、亚冰、思荣、大勇、振涛、狄龙和小光这七个侦察兵分成2组深入敌后侦察敌情，每组安排3人或4人。狄龙和小光最近在闹矛盾，不愿意在同一组；大勇跟小光、思荣的其中一人同组；思荣在4人组。

　　请问：如果凌锋和振涛在4人组，那么还有谁在4人组？

小光

亚冰

凌锋

思荣

狄龙

振涛

大勇

19 解析

根据题意，我们知道思荣、凌锋和振涛在 4 人组。

第一步

假设大勇在 4 人组，则剩下的 3 个人为一组。

4 人组

思荣　　凌锋　　振涛　　大勇

3 人组

亚冰　　狄龙　　小光

根据题意可知，狄龙和小光不同组，所以此假设不成立。

第二步

假设狄龙在 4 人组，则剩下的 3 个人为一组。

4 人组

思荣　　凌锋　　振涛　　狄龙

3 人组

亚冰　　大勇　　小光

根据题意，狄龙和小光不同组，大勇跟小光、思荣的其中一人同组，验证可知此假设成立。

答案：还有狄龙在 4 人组。

20 猴子运桃子

应用创新 · 创造 | 解题思维方法

有一群猴子要将甲地的桃子搬运到乙地，每隔 3 分钟有一只猴子从甲地向乙地出发，全程需要 12 分钟。有一只兔子从乙地跑到甲地，它出发的时候，恰好有一只猴子到达乙地，在路上它又遇到了 5 只迎面走来的猴子。兔子继续向前，到达甲地的时候，刚好又有一只猴子从甲地出发。

甲　　　　　　　　　　　　　　　　乙

1，2，3……

若兔子跑步的速度是 3 千米 / 小时，则甲、乙两地相距多少米？

思维点睛: 这是一个明显的行程问题，看起来有点复杂，我们可以借助柳卡图来进行分析。

第一步

我们先来看 猴子 的运动情况:

每只猴子从甲地到乙地需要12分钟，以横线代表时间，0时从甲地出发则第12分钟到达乙地，第3分钟从甲地离开的猴子第15分钟到达乙地……假设兔子从第12分钟离开乙地去甲地，此时刚好满足"恰好有一只猴子到达乙地"。

第二步

我们再来看 兔子 的运动情况:

兔子在路上遇到5只猴子，也就是有5个交点，到达甲地时有一只猴子刚出发，这样可以画出一条直线，刚好第18分钟时兔子到达甲地。

第三步

综合猴子和兔子的运动情况，我们可画出如下的 柳卡图:

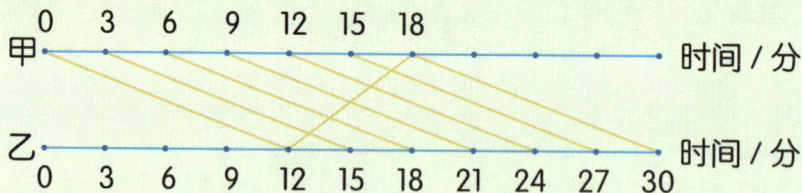

那么兔子从乙地到甲地一共花了6分钟时间，兔子的速度为3千米/小时，说明甲、乙两地相距:

$$6 \div 60 \times 3000 = 300 （米）$$

答案: 甲、乙两地相距300米。

21 围棋少年

数据处理

试探 创造

解题思维方法

　　酷爱围棋的少年小江被临时寄养在凌云寺。一天，小江在同时对弈寺里的三个小和尚的比赛中大获全胜，一旁观战的老和尚智云大师深感小江是百年不遇的围棋天才。为了进一步考验小江的逻辑推理能力，大师拿出一幅 4×4 的方格图，他告诉小江图上的每个格子分别表示数字 1～16，且左上角的方格表示数字 1。然后大师用棋子摆了几幅图并告诉小江每幅图代表的数，让小江猜猜最后一幅图代表的数是多少。小朋友，你能告诉小江正确的答案吗？

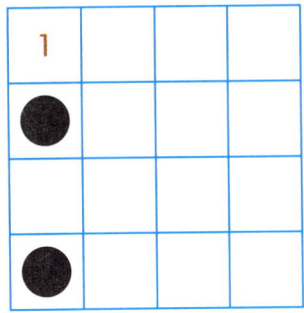

6

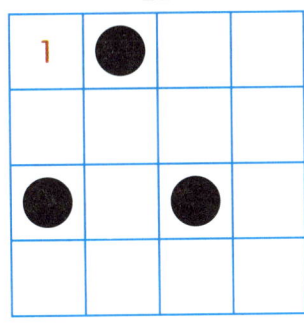

22

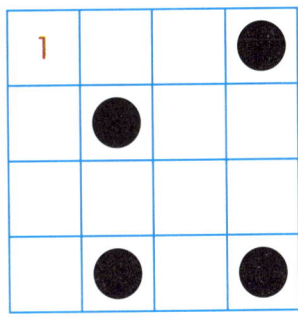

41

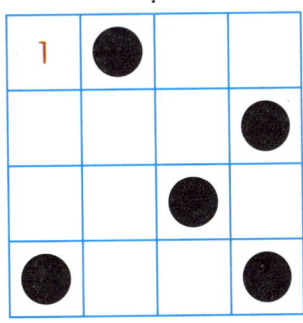

?

因为图中左上角的方格表示数字1，我们可以尝试着将数字1～16按照简单的规律填写在方格中（比如按横或列依次增大的顺序），然后再根据已知三幅图的结果去验证。

通过尝试和验证，我们可以发现智云大师所给的信息满足这样的规律：

↓

在方格中按照如图所示的情况填入数字1～16，再把棋子所在方格表示的数相加，就是该图所代表的数。

1	8	9	16
2	7	10	15
3	6	11	14
4	5	12	13

因此，最后一幅图所代表的数：4＋8＋11＋13＋15＝51。

答案：最后一幅图代表的数是51。

22 数学王子高斯

享有"数学王子"之称的高斯，被誉为是历史上最伟大的数学家之一。高斯小时候就表现出极高的数学天赋，喜欢和他的数学老师讨论问题。有一天，高斯的数学老师给他出了这样一道题：下面的迷宫图中一共有 20 个点，可以从任意一点开始，需要经过全部 20 个点后再回到起点。要求每个点只能经过一次，且点与点之间的路径只能沿着空白通道走。

小高斯很快就画出了符合要求的行走路径，你知道他是怎么画的吗？

让我们一起来看看小高斯画的行走路径吧!

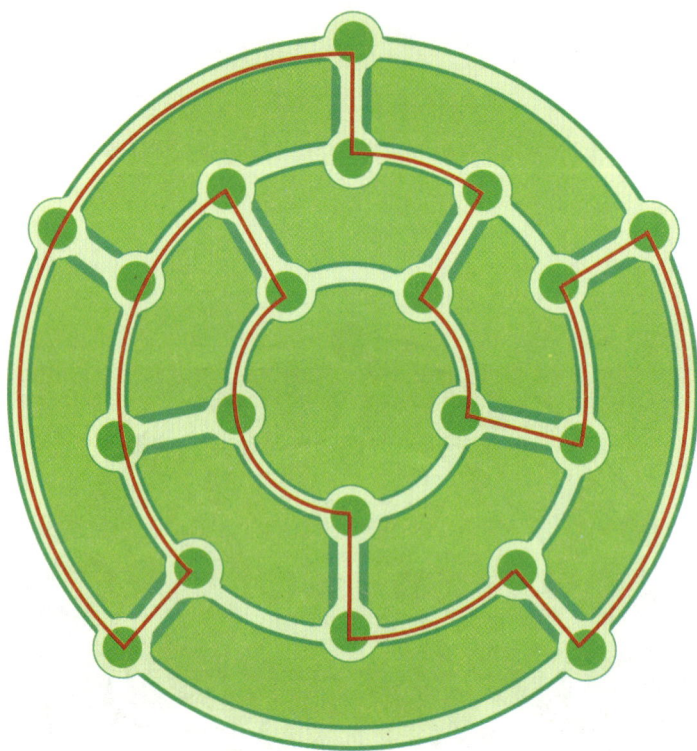

（答案不唯一）

23 滚动的骰子

小宝闲暇的时候喜欢玩骰子打发时间。有一天，小宝用骰子和方格纸给双儿出了这样一道题：当骰子按照红色轨迹滚动到蓝色区域时，朝上的那一面上有几个点？

聪明的你能帮双儿解答这个问题吗？

注：这是一个常见的正方体骰子，骰子的六个面上分别有1至6个点，相对的两个面上的点数之和为7。

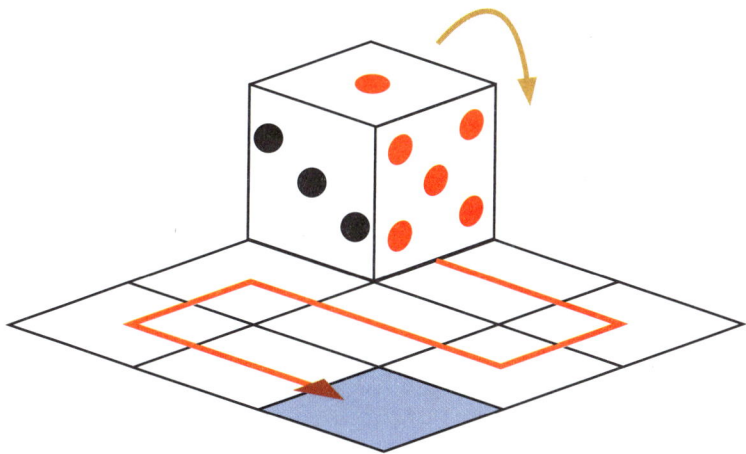

根据"骰子相对的两个面上的点数之和为 7"可知：

1 点的对面是 6 点，3 点的对面是 4 点，5 点的对面是 2 点。

骰子的滚动情况如下：

······（中间过程已省略）

注：可以自制一个类似骰子的正方体，按照指定轨迹滚动到蓝色区域。

通过滚动轨迹可知：

骰子朝上那一面上的点数变化依次是 2→6→4→2→3→1→2→6，滚动 8 次时刚好到达蓝色区域，此时骰子朝上的那一面上有 6 个点。

答案：当骰子按照红色轨迹滚动到蓝色区域时，朝上的那一面上有 6 个点。

24 买蔬菜

数据处理

渐进 过滤

解题思维方法

小唐在日本首都东京留学，一天他在东京的超市买了以下 4 种蔬菜，一共花了 2400 日元。

胡萝卜1根 289 日元

黄瓜1根 154 日元

茄子1个 255 日元

西红柿1个 170 日元

蔬菜区

请问：小唐买了几根黄瓜？

我们来看一下这 4 种蔬菜的价格。

蔬菜种类	黄瓜	西红柿	胡萝卜	茄子
价格 / 日元	$154 = 14 \times 11$	$170 = 17 \times 10$	$289 = 17 \times 17$	$255 = 17 \times 15$

由上表可知：

170、289、255 都是 17 的倍数，只有黄瓜的价钱不能被 17 整除。

154 除以 17 的话，就是 $154 \div 17 = 9 \cdots\cdots 1$，也就是余下了 1。

一共花的钱数是 2400 日元，除以 17 可得：

$2400 \div 17 = 141 \cdots\cdots 3$。这个"余下的 3"就是因为买了黄瓜所以余了 3。

每买一根黄瓜，总价钱除以 17 就会余下 1：

黄瓜的数量为 $17n$（n 为自然数）+3 根，也就是 3 根，20 根，37 根……

如果买 20 根黄瓜：

黄瓜的价钱就会变成 $154 \times 20 = 3080$（日元），超出了 2400 日元。
因此，可以得出小唐买了 3 根黄瓜。

答案：小唐买了 3 根黄瓜。

25 神奇的时钟

来自 B−612 星球的王子结束了他的地球观光之旅，将要返回自己的星球。在离别之际他送给地球好友一个神奇的斐波那契时钟，正当地球友人拿着时钟一脸迷惑的时候，王子讲述了这个时钟的显示原理，友人便豁然开朗，并向王子表示了感谢。

下面就是这个神奇时钟的样子，你能根据时钟对应的几个时间，猜猜最后一个时钟表示的时间吗？

提示：不同大小的正方形代表不同的数字，可以从时钟的名字联想到斐波那契数列。

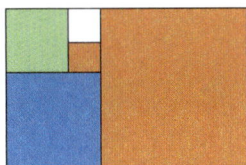
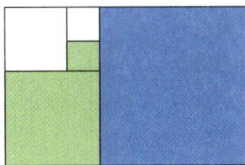
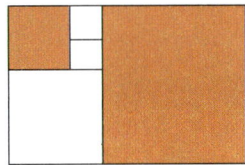

9:25

5:45

7:00

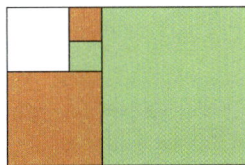
?

25 解析

时钟上面有 5 个正方形模块，从小到大分别表示数字 1、1、2、3、5（斐波那契数列的部分）。它们会根据情况显示为红色、绿色、蓝色和白色，我们就是根据正方形的颜色及代表的数字来计算时间。

第一步

通过观察和分析我们会有如下发现：

第①个时钟，小时：9＝1＋3＋5；分钟：25＝（2＋3）×5。

第②个时钟，小时：5＝0＋5；分钟：45＝（1＋3＋5）×5。

第③个时钟，小时：7＝2＋5＋0；分钟：0＝（0＋0）×5。

 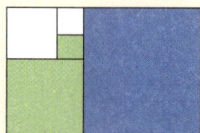 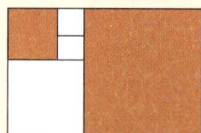

① ② ③

第二步

我们可以得到下面的结论：

（1）蓝色和红色的模块相加可以得到小时。

　　公式总结：小时 ＝ 红 ＋ 蓝。

（2）绿色和蓝色的模块相加再乘 5 可以得到分钟。

　　公式总结：分钟 ＝（绿 ＋ 蓝）×5。

（3）白色的模块忽略不计。

我们根据以上结论就可以得到最后一个时钟表示的时间：

红＝1＋3＝4，蓝＝0，绿＝1＋5＝6，即小时＝4＋0 ＝4，分钟＝(6＋0)×5＝30，故它表示的时间是 4:30。

答案：最后一个时钟表示的时间是 4:30。

26 速算小达人

数据处理　过滤　创造

解题思维方法

邱老师的班上正在举行"速算小达人"比赛。邱老师将写有乘法算式的卡片一张一张地翻开给大家展示，算式会越来越难，这是一场口算抢答比赛。

第 1 题：$8 \times 8 =$

第 2 题：$8 \times 8 \times 8 =$

第 3 题：$8 \times 8 \times 8 \times 8 =$

第 4 题：$8 \times 8 \times 8 \times 8 \times 8 =$

……

第 50 题：$\underbrace{8 \times 8 \times \cdots \times 8}_{51 \ 个} =$

比赛中一直沉默不语的洋洋，在第 50 道题的时候举手了。

答案是＊＊＊＊＊＊。

洋洋

正所谓智者沉默。洋洋，你的回答完全正确！

邱老师

同学们，你知道洋洋给出的答案的个位数是多少吗？

26 解析

思维点睛： 在整数的乘法中，跟乘积的个位数有关的只有"乘数的个位"和"被乘数的个位"。

我们可以通过列表来分析一下不同个数的 8 相乘时，乘积个位上的数会有怎样的结果。

因数 8 的个数	乘积个位上的数字计算	个位上的数字
2 个	$8 \times 8 = 64$	4
3 个	$4 \times 8 = 32$	2
4 个	$2 \times 8 = 16$	6
5 个	$6 \times 8 = 48$	8
6 个	$8 \times 8 = 64$	4
7 个	$4 \times 8 = 32$	2
8 个	$2 \times 8 = 16$	6
9 个	$6 \times 8 = 48$	8
10 个	$8 \times 8 = 64$	4
……	……	……

可以看出乘积个位上的数是"4、2、6、8"这 4 个数为一个轮回在重复。所以第 50 题，51 个 8 相乘时，个位上的数字：

$$（51-1）\div 4 = 12……2$$

上式中的余数是 2，即 51 个 8 相乘的乘积的个位数是"4 个数"中的第 2 个。因此，洋洋给出的答案的个位数是 2。

答案：洋洋给出的答案的个位数是 2。

27 积木的表面积

空间图形　过滤　渐进
解题思维方法

　　贝聿铭的童年和少年时期是在风景如画的苏州和高楼林立的上海度过的，他从小就立志要做一名优秀的建筑师。后来他留学美国学习建筑学，学成后以超人的智慧多次完成复杂的设计任务。贝聿铭年幼时就喜欢玩积木，有一天，他用积木搭建了下面这些立体结构：

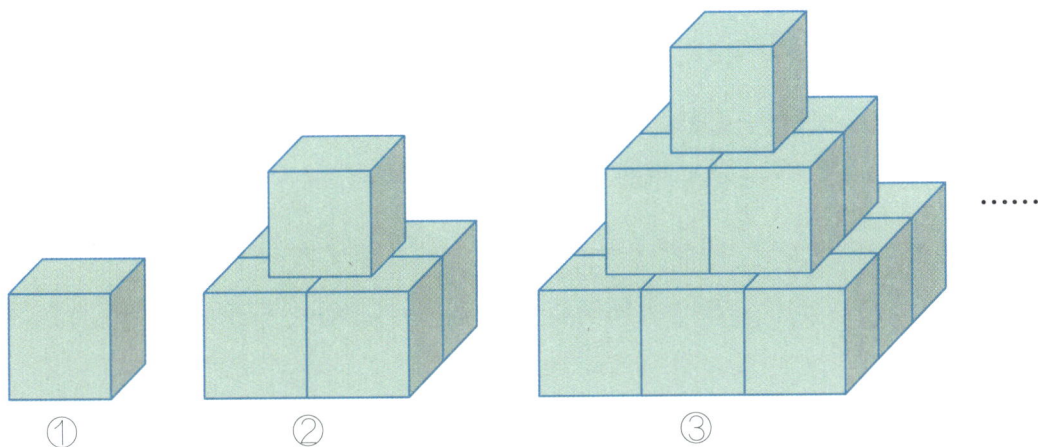

①　　　②　　　③　　……

图①由 1 个棱长为 1 的小正方体搭成；

图②由 5 个棱长为 1 的小正方体搭成；

图③由 14 个棱长为 1 的小正方体搭成。

　　如果按照这个规律搭下去，第 10 个搭建的立体结构的表面积是多少？

27 解析

观察所搭的立体结构可得如下规律：

图①由 1 个棱长为 1 的小正方体搭成，图②由 1+2×2 个棱长为 1 的小正方体搭成，图③由 1+2×2+3×3 个棱长为 1 的小正方体搭成……

所以第 10 个立体结构是由 1+2×2+3×3+…+10×10 个棱长为 1 的小正方体搭成的。

要知道这个立体结构的表面积，我们可以从不同的方位进行观察。

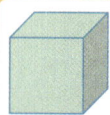

第一步

从 前后 看，得到的图形：

面积为 1+2+3+…+10=55

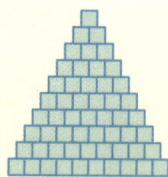

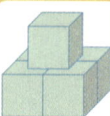

第二步

从 左右 看，得到的图形：

面积为 1+2+3+…+10=55

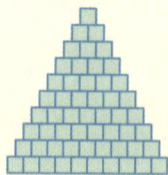

第三步

从 上下 看，得到一个边长为 10 的大正方形：

面积为 10×10=100

所以这个结构的表面积：(55+55+100)×2=420

注意：不要忘记底面也是表面积的一部分哟！

答案：第 10 个搭建的立体结构的表面积是 420。

28 孙权选将士

渐进

解题思维方法

东汉末年,曹操率兵二十余万南下,准备统一南方。孙权打算从周瑜、程普、黄盖、甘宁4位上将和鲁肃、诸葛瑾、张昭3位谋士中共选出3位大臣对抗曹操。

众位大臣建议:要选2位上将和1位谋士;周瑜和诸葛瑾只能选一个,黄盖和张昭只能选一个;程普和甘宁要么都选,要么都不选。

如果孙权选了周瑜,那么他选的另外2位大臣是谁?

上将:

周瑜

程普

黄盖

甘宁

谋士:

张昭

鲁肃

诸葛瑾

28 解析

我们可以先列出所有的大臣。

上将 （4选2）	周瑜	程普	黄盖	甘宁
谋士 （3选1）	张昭	鲁肃	诸葛瑾	

因为孙权选了周瑜，所以还要选1位上将和1位谋士。

上将 （4选2）	周瑜		黄盖	
谋士 （3选1）				

"程普和甘宁要么都选，要么都不选"，程普和甘宁都是上将，只能都不选，另一位上将肯定是黄盖。

孙权选的上将是周瑜和黄盖，还需要选1位谋士。

上将 （4选2）	周瑜		黄盖	
谋士 （3选1）		鲁肃		

因为"周瑜和诸葛瑾只能选一个""黄盖和张昭只能选一个"，所以谋士肯定是鲁肃。

答案：孙权选的另外2位大臣是黄盖和鲁肃。

29 壶里的酒

元代数学家朱世杰（约13～14世纪）在其《四元玉鉴》著作中，有一道诗歌形式的数学题。

> 我有一壶酒，携着游春走。
>
> 遇店添一倍，逢友饮一斗。
>
> 店友进三处，没了壶中酒。
>
> 借问此壶酒，当原多少酒。

诗的大意是说诗人带着一壶酒去春游，途中每逢酒馆就把壶中酒增添一倍，每遇朋友就喝掉一斗酒。一路上先经过一次酒馆后碰到一次朋友；又经过一次酒馆，碰到一次朋友；最后再经过一次酒馆后又碰到朋友。前后共经过酒馆三次碰到朋友三次，结果壶里的酒喝完了。请问：酒壶里原来有多少酒？

第一步

因为最后剩酒 0 斗，所以第三次遇见朋友一起喝酒之前，壶中存酒量： 0+1＝1（斗）

走进第三家酒馆之前，壶中存酒量： 1÷2＝0.5（斗）

遇见第二位朋友之前，壶中存酒量： 0.5+1＝1.5（斗）

走进第二家酒馆之前，壶中存酒量： 1.5÷2＝0.75（斗）

遇见第一位朋友之前，壶中存酒量： 0.75+1＝1.75（斗）

走进第一家酒馆之前，壶中存酒量： 1.75÷2＝0.875（斗）

第二步

还可以用列表法求解，我们可以列出如下表格：

顺序	遇酒馆前	遇友前
原有酒	0.875	
第一次	1.75÷2＝0.875	0.75+1＝1.75
第二次	1.5÷2＝0.75	0.5+1＝1.5
第三次	1÷2＝0.5	0+1＝1
最后	0	

答案：酒壶里原来有 0.875 斗酒。

30 桃谷六仙

逻辑推理 | 过滤 | 试探
解题思维方法

仙桃谷的谷主有 6 个武功高强的孩子，他们分别是桃根仙、桃干仙、桃枝仙、桃叶仙、桃花仙、桃果仙，其中桃枝仙、桃叶仙、桃花仙是女孩，其他的是男孩。

谷主决定让 6 个孩子从 1 月起开始承担护卫仙桃谷的职责，护卫队长从 6 个孩子中选出，任期为一个月。谷主要求男孩和女孩轮流担任护卫队长，每个人要等其他 5 人都担任过护卫队长之后再重复之前一轮的安排，规定第一个月由男孩担任护卫队长。

假如 1 月是由桃根仙担任护卫队长，2 月是由桃枝仙担任护卫队长，3 月是由桃干仙担任护卫队长。请问：11 月一定是谁担任护卫队长？

桃果仙

桃叶仙

桃枝仙　桃根仙　桃干仙　桃花仙

第一步

根据题意，我们已经知道**1月、2月、3月**的护卫队长啦！

1月	2月	3月	4月	5月	6月
桃根仙	桃枝仙	桃干仙			
7月	8月	9月	10月	11月	12月

第二步

因为男孩和女孩轮流担任护卫队长，所以**4月、5月、6月**的情况可能是：

1月	2月	3月	4月	5月	6月
桃根仙	桃枝仙	桃干仙	桃叶仙或桃花仙	桃果仙	桃叶仙或桃花仙
7月	8月	9月	10月	11月	12月

第三步

7~12月护卫队长的担任情况就是重复**1~6月**的安排。

1月	2月	3月	4月	5月	6月
桃根仙	桃枝仙	桃干仙	桃叶仙或桃花仙	桃果仙	桃叶仙或桃花仙
7月	8月	9月	10月	11月	12月
桃根仙	桃枝仙	桃干仙	桃叶仙或桃花仙	桃果仙	桃叶仙或桃花仙

答案：11月一定是桃果仙担任护卫队长。

时光学

30天
"全脑开发"
逻辑思维训练

入门篇

时光学编辑室 编

学校：_____

班级：_____

姓名：_____

百花洲文艺出版社
BAIHUAZHOU LITERATURE AND ART PRESS

图书在版编目（CIP）数据

30天全脑开发：逻辑思维训练／时光学编辑室编
. -- 南昌：百花洲文艺出版社，2022.1
　　ISBN 978-7-5500-4623-8

　　Ⅰ.①3… Ⅱ.①时… Ⅲ.①逻辑思维–少儿读物
Ⅳ.① B804.1-49

　　中国版本图书馆 CIP 数据核字（2021）第 274497 号

30天全脑开发：逻辑思维训练
30TIAN QUANNAO KAIFA LUOJI SIWEI XUNLIAN

时光学编辑室 编

出 版 人　　章华荣
策　　划　　邹 英
责任编辑　　周 晓　杨柳牧菁
封面设计　　顾亚荣　邓芊芊
版式设计　　游桫渲
制　　作　　吴和权　易龙婷　曾 玲
出版发行　　百花洲文艺出版社
社　　址　　南昌市红谷滩区世贸路 898 号博能中心一期 A 座 20 楼
邮　　编　　330038
经　　销　　全国新华书店
印　　刷　　江西省和平印务有限公司
开　　本　　787mm×1092mm　1/16　印张　16
版　　次　　2022 年 1 月第 1 版
印　　次　　2022 年 1 月第 1 次印刷
字　　数　　15 千字
书　　号　　ISBN 978-7-5500-4623-8
定　　价　　99.80 元

赣版权登字　　05-2022-6
版权所有，侵权必究
邮购联系　0791-86895109
网　　址　http://www.bhzwy.com
图书若有印装错误，影响阅读，可向承印厂联系调换。

《30天全脑开发 逻辑思维训练》

—— 六大领域五大方法让思维活起来

六大领域

- **空间图形** 以空间立体结构或平面图形为载体的问题。
- **数据处理** 主要以通过数据的计算、推演解答的问题。
- **判断理解** 不需要很复杂的推理或计算过程，只要理解了某个概念或者要求就可通过判断解决的问题。
- **逻辑推理** 需要根据所给条件进行缜密推理解决的问题。
- **应用创新** 把某些新颖的创意应用在实际问题中的情况。
- **抽象概括** 需要从已知条件中总结提炼出某种规律，把抽象问题具体化解决的情况。

五大方法

过滤 过滤法：对问题中所有信息进行充分的分析整理后进行解答的方法。

试探 试探法：把能够想到的所有解决问题的可能性进行逐一验证的方法。

逆向 逆向法：从问题的结果出发反向推导从而判断验证答案的思维方法。

创造 创造法：通过改变看待问题的角度来发现解决问题的新思路的方法。

渐进 渐进法：根据已知的条件逐步推导出答案的递推式解决问题的方法。

contents 目录 🐾

01 有趣的画画课

空间图形 过滤

解题思维方法

小光每周五都会和他的三个小伙伴去画画兴趣班上课。这次画画课的主题是"我喜爱的图案"。课程结束后，老师把小朋友们的画作都拿到黑板前一起展示。小光看着自己的作品，发现自己画的图案从中间分开的话，不管是左右分还是上下分，分开的两部分都可以完全重合。下面是小光画的图案。

小光又仔细看了看其他人的绘画作品，他判断其中有一个人的画作和他的有同样的特点，你能判断是谁的吗？

小时的画作　　　　　小雪的画作　　　　　小美的画作

01 解析

线索

我们先来看看小光的画作吧！

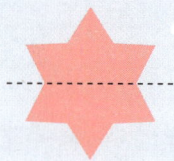

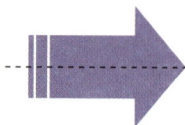

从中间水平分，上下两部分是完全一样可以重合的。

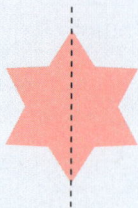

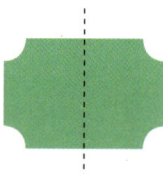

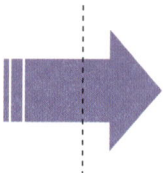

从中间竖直分，左右两部分是完全一样可以重合的。

我们再来验证一下其他小朋友的画作吧！

小时的画作

从中间水平分，上下两部分不一样。

从中间竖直分，左右两部分是完全一样可以重合的。

小雪的画作

从中间水平分，上下两部分是完全一样可以重合的。

从中间竖直分，左右两部分是完全一样可以重合的。

小美的画作

从中间水平分，上下两部分是完全一样可以重合的。

从中间竖直分，左右两部分不一样。

答案：小雪的画作和小光的有相同的特点。

02 捕鱼

数据推理

过滤

解题思维方法

每年冬天，北方的湖面都会结上厚厚的一层冰。当地居民有凿冰捕鱼的习俗，他们先把冰面凿出一个洞，然后在洞里放下渔网，等鱼儿入网再一把拖出渔网，便可以捕到活蹦乱跳的鲜鱼。

上图是北方一位渔民冬天捕鱼的场景，如果每个洞都放了一张渔网，每张渔网能捕 12 条鱼，那么他一共可以捕到多少条鱼？

02 解析

线索

我们先数一数一共有多少个洞吧。

一共有 8 个洞。

　　8 个洞就可以放 8 张渔网，每张渔网能捕到 12 条鱼，则一共可以捕到 12×8＝96（条）鱼。

答案：他一共可以捕到 96 条鱼。

03 自行车比赛

逻辑推理

渐进

解题思维方法

小西、小凡、小林最近都喜欢上了骑自行车。这个周末，3 人又约着一起练习骑车，练习结束后，他们还进行了一场骑车比赛。

我不是最快的，也不是最慢的。

小西没有我快。

小凡

小林

请你猜一猜，骑车比赛的第一名是谁呢？

03 解析

第一步

根据小凡的描述我们可以知道什么呢？

小凡：我不是最快的，也不是最慢的。

↓

也就是说，小凡不是第一名也不是第三名，所以小凡是第二名。

第二步

接下来再看一下小林的提示吧！

小林：小西没有我快。

↓

根据小凡的话可知小林是第一名或第三名，而小西比小林慢，则小林是第一名，小西是第三名，所以三个人的排名情况如下图所示：

答案：骑车比赛的第一名是小林。

04 数旗帜

抽象概括

过滤　渐进
解题思维方法

　　妈妈接叮叮放学回家，看见马路对面有一排按规律摆放的旗帜，突然想考考儿子，妈妈对叮叮说："叮叮你看，对面有一排旗帜，你能数出 🚩 一共有几面吗？妈妈给你一个小提示，这些旗帜是按着某种规律排列的。"

　　叮叮看了看，发现有几面旗帜被挡住了，有点疑惑，心想：这怎么数呢？

　　小朋友，请你帮叮叮数一数有几面 🚩 吧！

04 解析

第一步

我们先来找一下旗帜的排列规律吧！

仔细观察旗帜，可以看出：

🚩2面，🚩1面；🚩2面，🚩2面；🚩2面，🚩3面。

我们找到排列规律：

每2面红旗之间摆黄旗，黄旗的数量依次增加1面。

第二步

接下来判断被树挡住的3面旗帜的颜色。

结合第一步，我们可以知道接下来的旗帜为：

2面🚩，4面🚩。

所以，被树挡住的3面旗帜依次是🚩🚩🚩。

这一排旗帜的排列如下：

由此可以算出🚩的数量：1＋2＋3＋4＝10（面）。

答案：有10面🚩。

05 贴纸游戏

应用创新

逆向 渐进

解题思维方法

周末，辰辰做完作业，趁娱乐时间拿出几张长方形和正方形的贴纸玩游戏，在不经意间他把贴纸叠放成了下面的形状。

你知道辰辰的贴纸是按照怎样的顺序从第一张叠放到最后一张的吗？

05 解析

按顺序把叠起来的贴纸一张张地拿开。

第一步

最上面的贴纸，就是最后放的贴纸。

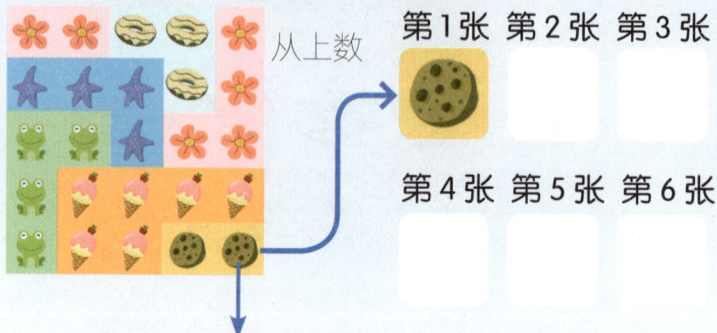

从上数

第1张　第2张　第3张

第4张　第5张　第6张

这是最完整的一张贴纸，是最上面的一张。

第二步

拿掉最上面的贴纸 🍪 后，找到第二张贴纸，再依次找出剩余的 4 张。

第1张　第2张　第3张

从上数

第4张　第5张　第6张

最开始放
的贴纸

第三步

综合前两步，最开始放的和最后放的贴纸分别是 🌸 和 🍪，所以放贴纸的顺序是：

🌸　🍩　⭐　🐸　🍦　🍪

答案：放贴纸的顺序是 🌸　🍩　⭐　🐸　🍦　🍪。

06 登山比赛

　　狮子大王为动物王国的小动物们组织了一场登山比赛。它在山顶上插了一面小红旗作为终点，动物们只能通过云梯到达山顶，最先到达终点处的为获胜者。你能画出动物们正确的登顶路线吗？

06 解析

线 索

因为动物们只能通过云梯才能上山，所以我们把没有云梯的路线标出来。

不能上山的路线已经标出来了，接下来我们把正确的路线画出来吧！

07 数牛奶

空间图形

过滤

解题思维方法

小玲家开了一间便利店，爸爸打算在国庆节前多备一些牛奶，正要去仓库数一数还剩多少箱牛奶，小玲和弟弟主动跑去仓库帮爸爸数。

总共有 8 箱牛奶。

弟弟好像错了，我觉得有 10 箱呢。

弟弟

小玲

小玲和弟弟数的牛奶箱数不一样，你觉得谁是对的呢？

07 解析

把原图中的牛奶按下图拆解分析。

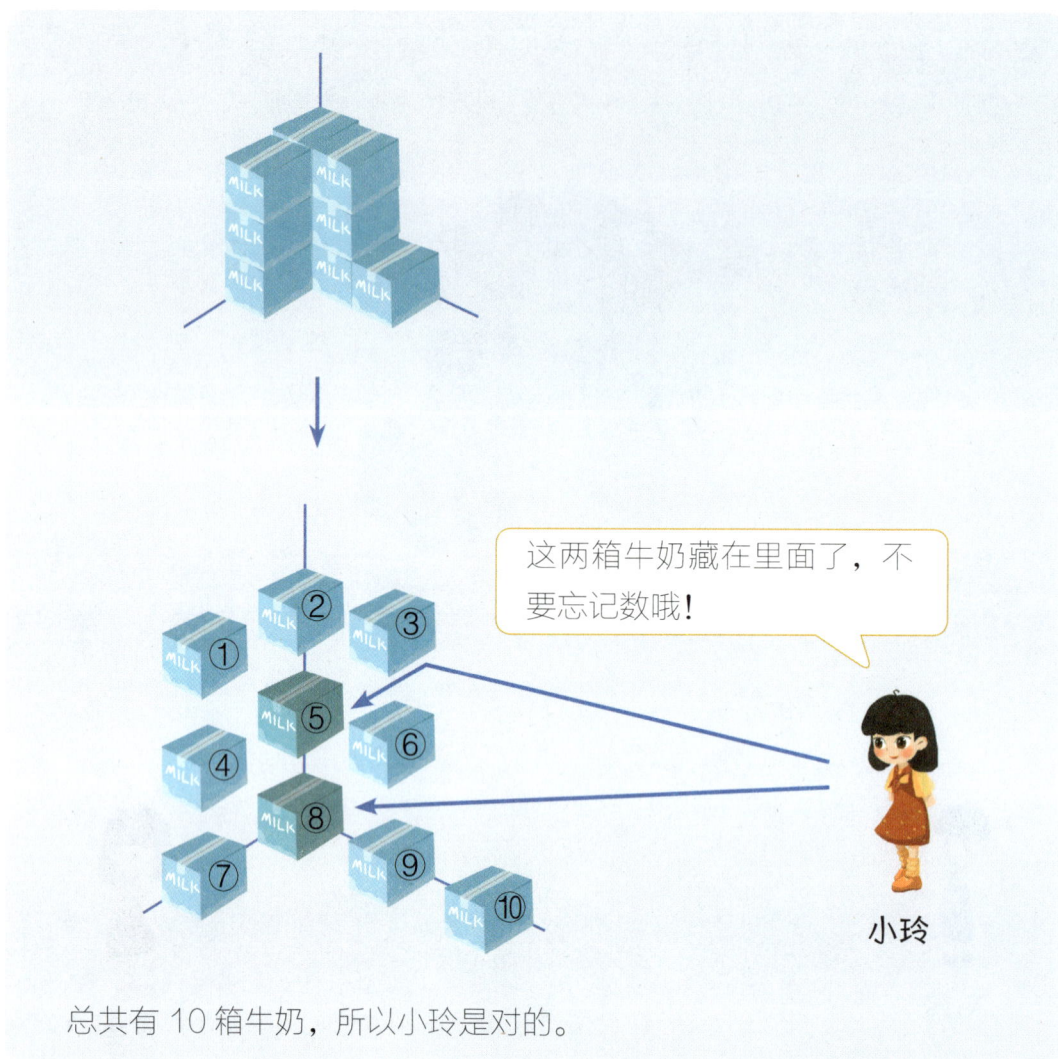

这两箱牛奶藏在里面了，不要忘记数哦！

小玲

总共有 10 箱牛奶，所以小玲是对的。

答案：小玲是对的。

08 动物市场出新规

数据处理

过滤

解题思维方法

古时候，人们使用以物易物的方式，交换自己所需要的物资。集市上，动物市场制定了如下规则：

4 只鸡可以换 1 只鹅

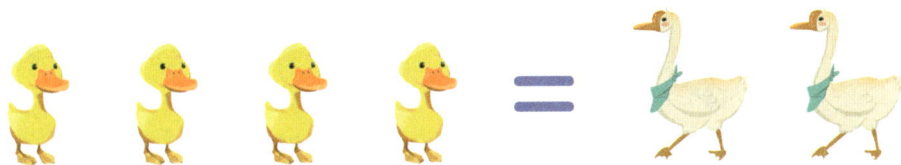

4 只鸭可以换 2 只鹅

请问：1 只鸭能换几只鸡呢？

08 解析

第一步

原题中的 4 只鸡可以换 1 只鹅，那么我们可以知道：

即 8 只鸡可以换 2 只鹅。

第二步

再根据 4 只鸭可以换 2 只鹅，可以得出：

所以，8 只鸡可以换 4 只鸭。则可以推出，1 只 🦆 可以换 2 只 🐓 。

答案：1 只鸭能换 2 只鸡。

09 老师教什么科目

逻辑推理

渐进

解题思维方法

时光小学新来了三位老师，分别是胡老师、宋老师和方老师。

胡老师　　　　　宋老师　　　　　方老师

她们教的科目都不一样，分别教音乐、英语、美术。校长只知道胡老师不教音乐，方老师既不会唱歌也不会画画。

你能告诉校长这三位老师分别教什么科目吗？

09 解析

三位老师教的科目都不一样。

第一步 胡老师不教音乐，所以胡老师教的是英语或者美术。

 或

胡老师

第二步 方老师既不会唱歌也不会画画，所以方老师肯定教英语，那么胡老师教的是美术，剩下的宋老师教的是音乐。

 →

宋老师

 ←

胡老师

 →

方老师

答案：胡老师教的是美术，宋老师教的是音乐，方老师教的是英语。

10 小兔子找萝卜

小兔子家里没有食物了，它准备出去找一些胡萝卜。可是小兔子知道猎人会在很多路口布下陷阱，只有数字为 4 的倍数的路口才是安全的。你能帮小兔子找到一条获取胡萝卜的安全路线吗？请画出来吧。

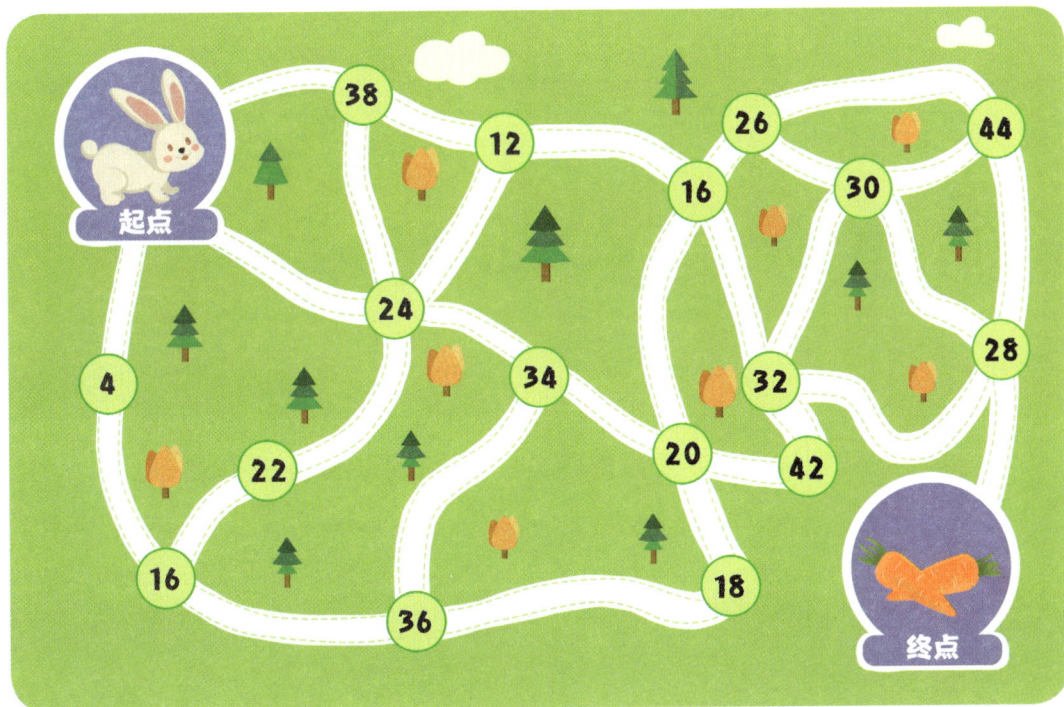

10 解析

第一步

找出所有 4 的倍数。

第二步

找到从起点到终点都是 4 的倍数的那条路，并画出来。

11 扑克陷阱

解题思维方法

 6个海盗一起抢夺到了6颗宝石，在分配宝石的时候大家都想要最大最亮的那一颗。为了公平起见，海盗们打算玩扑克牌游戏决定谁能分到最大的那颗。规则如下：有6张扑克牌，只有1张和其他的不同，现在把扑克牌打乱并正面朝上，谁拿到不一样的扑克牌就能分到最大的宝石。如果海盗大哥想分到最大的宝石，他应该选择哪张扑克牌？

11 解析

第一步

第一步　我们先把扑克牌依次标上序号。

① ② ③

④ ⑤ ⑥

第二步　接下来，把 6 张扑克牌按照顺序依次摆正。

① ② ③ ④ ⑤ ⑥

摆正后发现，第 4 张扑克牌上的 ♠ 和 ♠ 的位置和另外 5 张扑克牌是相反的。

答案：他应该选择第 4 张扑克牌。

12 王母寿宴

王母娘娘寿辰，在寿宴入口处有 64 位仙女排队等候入场，每位仙女都端着 1 个盘子，每个盘子里放着 1 个新鲜的大蟠桃。仙女们按照下图所示的路线将蟠桃摆放到 4 张仙桌上，每到一个路线分叉口，仙女们都以相同的人数往两个方向分开走。

路口 1（入口）

路口 2   路口 3

路口 4   路口 5   路口 6

1 号仙桌   2 号仙桌   3 号仙桌   4 号仙桌

请问：3 号仙桌能分到多少个蟠桃？

我们依次来看看仙女们的行走路线吧。

64 位仙女

↓

路口 1（入口）

32 位　　　　　32 位

路口 2　　　　　路口 3

16 位　16 位　16 位　16 位

路口 4　　　　路口 5　　　　路口 6

8 位　8 位　16 位　16 位　8 位　8 位

1 号仙桌　　2 号仙桌　　3 号仙桌　　4 号仙桌

8 个　　24 个　　24 个　　8 个

答案：3 号仙桌能分到 24 个蟠桃。

13 小老鼠偷汉堡

抽象概括

渐进
解题思维方法

柴时光经营的餐厅要招一个厨师，飞行鸭和小老鼠通过筛选进入终试。终试要求：谁在最短的时间内做出最多层的汉堡，谁就被录用。小老鼠恶意竞争，偷偷地拿走了飞行鸭两层汉堡，导致飞行鸭原来有规律的汉堡比自己的少一层。

小朋友们，只有帮我找到小老鼠偷走的汉堡，我才能被录用。你们能帮帮我吗？

13 解析

做汉堡是从下往上一层层叠上去的，所以我们要从下往上一层层地观察飞行鸭做的汉堡，找出规律。

第一步

通过观察可以发现，飞行鸭做的汉堡是按照 🍖🍖 🍞🍖 的顺序一层层叠上去的。具体的规律是，单数层有两种，🍖 和 🍖 重复交替，双数层只有 🍞 这一种。

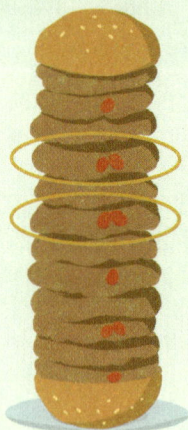

这两个单数层是一样的。

第二步

我们一层层往上看，容易发现第七层和第九层是一样的。所以，这两个单数层之间应缺少一个单数层 🍖 和一个双数层 🍞。

答案：小老鼠偷走的两层汉堡是 🍖 和 🍞。

14 鲸鱼拼图

应用创新

创造　试探

解题思维方法

　　星期天下午，章老师正在准备第二天上课所需的教案，3 岁的儿子豆豆在边上吵着要出去玩。为了能够安心工作一会儿，章老师拿出一幅打乱的拼图，对豆豆说："豆豆，这里有一个鲸鱼拼图，等你把这幅拼图拼成鲸鱼原来的样子，我们就可以出去玩了。"

　　小朋友，你可以和豆豆一起将这个拼图拼成鲸鱼原来的样子吗？

这幅拼图是 3×3 格子的，我们先将拼图依次标上序号，空白处不标。接下来开始将拼图复原吧！

首先，将序号 4 的拼图移到下面的空位，将序号 5 的拼图移到之前序号 4 的位置。

接下来，再把序号 6 的拼图移动到中间空位，将序号 8 的拼图移动到之前序号 6 的位置。

把序号 7 的拼图移到右边空位，再将序号 6 的拼图移动到之前序号 7 的位置。

现在图形已经很明显了，将序号 2 的拼图移动到中间空位，再将序号 1 的拼图移动到之前序号 2 的位置，就完全复原了。

去掉序号

15 买雪糕

朵朵想买雪糕,她需要按照"🍒—🍍—🍉—🍇"的路线去雪糕店。规定只有用线连起来的路才能走得通,每条路只能走一次,且不可重复走。小朋友,你能帮助朵朵找到去雪糕店的正确路线吗?

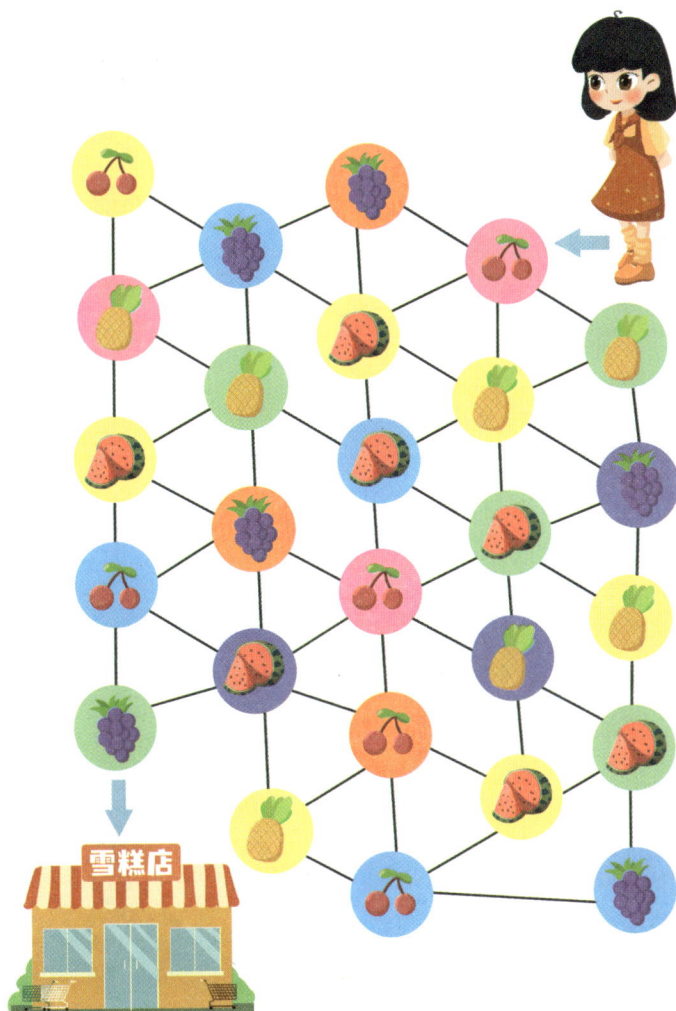

朵朵需要按照 🍒—🍍—🍉—🍇 的路线走，现在朵朵站在樱桃的位置，下一个我们需要找到菠萝，之后是西瓜、葡萄。

注意：每条路只能走一次，且不可返回！

具体的路线图如下：

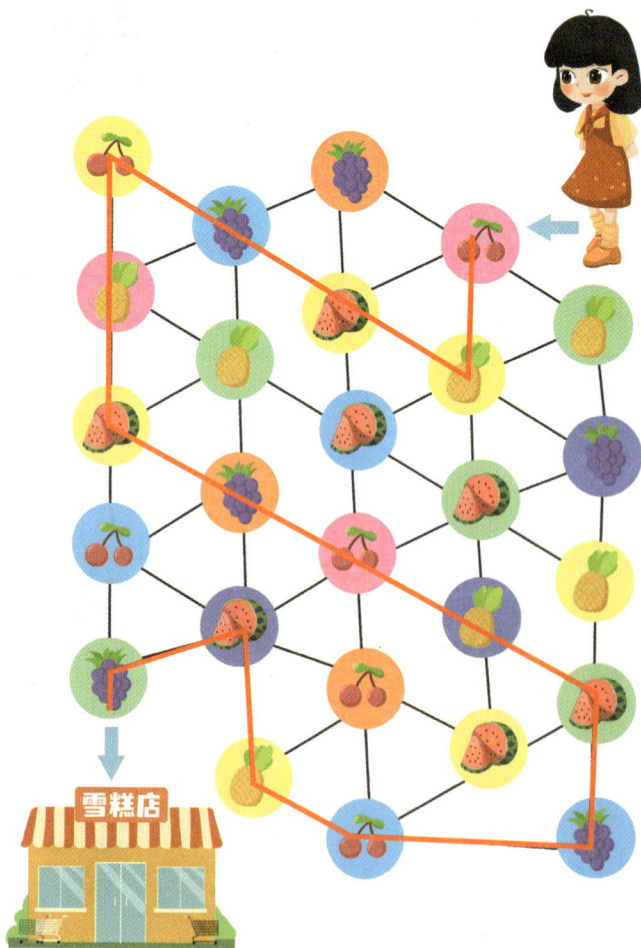

16 公主选驸马

逻辑推理

试探　渐进
解题思维方法

　　光明国有一位聪明漂亮的公主。这一年，公主想挑选一位聪明的青年做驸马。国王通过层层考核，从全国 100 名优质青年中挑选出 10 位作为驸马候选人。这 10 位候选人最后将经过公主的亲自考核，公主让侍从宣布了考核规则：公主从左至右写出了 0 到 9 这 10 个数字中的 4 个，第一个能说出公主所写的数字且数字顺序正确的人，就当选驸马。10 个候选人听后都开始了猜测。

"是 4，0，7，9 吗？"

"猜对了 1 个数字，且位置正确。"

青年甲

侍从

"是 5，4，3，2 吗？"

"猜对了 2 个数字，但位置都不正确。"

青年乙

侍从

"是 6，3，1，4 吗？"

"猜对了 4 个数字，但位置都不正确。"

青年丙

侍从

　　通过前面三人的猜测和侍从的回复，青年丁第一个说出了正确答案，被选为驸马。

　　你知道公主写的四个数字依次是什么吗？

第一步

先确定四个数字是什么。

从青年丙和侍从的对话中,可知公主写出的四个数字是6,3,1,4。

第二步

再确定这四个数字的正确位置。

因为数字4在青年甲说的4,0,7,9中出现过,所以根据侍从第一次的回答,可知第一位数字是4。

4在第一个位置

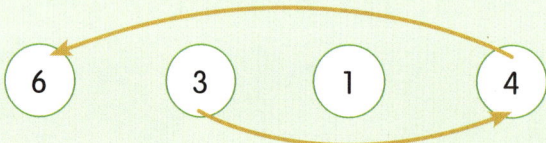

⑥　③　①　④

接下来,又由于数字3在青年丙和青年乙的猜测中均出现过,且位置都不正确,所以3在最后一个位置。

4在第一个位置

⑥　③　①　④

3在第四个位置

数字1在青年乙说的6,3,1,4中出现过,但它的位置也不正确,所以1只能在第二个位置,则数字6就在第三个位置。

4在第一个位置

1在第二个位置

⑥　③　①　④

6在第三个位置　　3在第四个位置

所以这四个数字依次是4,1,6,3。

17 刘老汉卖豆腐

空间图形

试探

| 解题思维方法 |

时光村有一位刘老汉，常年以卖豆腐为生。这段时间生意都不太好，刘老汉琢磨出了一个主意，他在豆腐摊边挂了一块写有"猜图案，送豆腐"的牌子，不一会儿便吸引了许多人上前围观。原来刘老汉用秘制的酱料在做好的豆腐上涂了一些花样，并切掉一小块豆腐。刘老汉指着旁边的四块小豆腐，对围观的人说道："只要有人能猜出这块大豆腐上缺少的是哪块小豆腐，这块大豆腐就免费送给他。"豆腐摊有了人气之后，刘老汉的生意终于好转了。

A　　　　　　B　　　　　　C　　　　　　D

小朋友，你知道这块大豆腐缺少的是哪块小豆腐块吗？

我们将每个选项的小豆腐块与残缺的大豆腐块拼拼看吧！

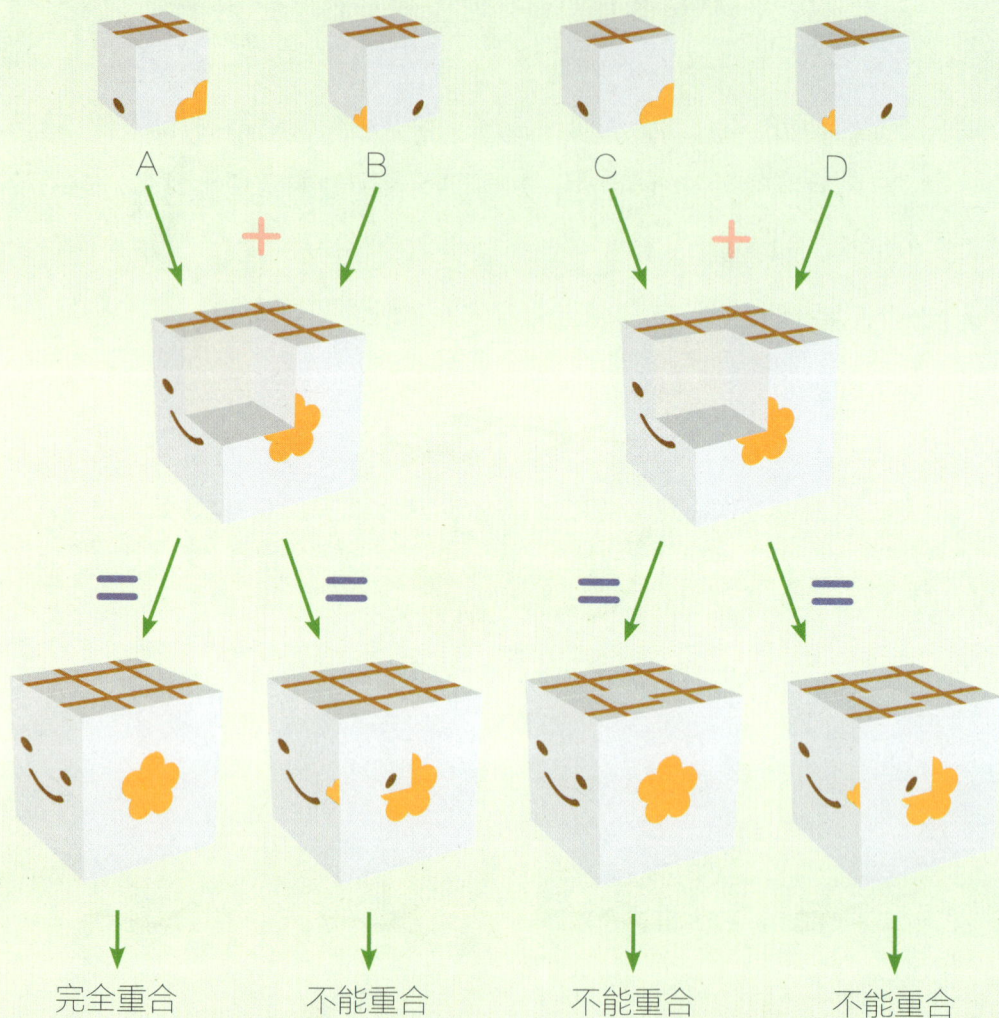

A   B   C   D

完全重合   不能重合   不能重合   不能重合

因此，缺少的小豆腐块是 ____。

答案：A。

18 唐僧师徒分苹果

数据处理

渐进
解题思维方法

一天，唐僧师徒上山打妖怪救了一位农夫，农夫为报救命之恩，送给他们三筐苹果。唐僧让孙悟空、猪八戒、沙和尚一人拿一筐。猪八戒看了下自己那筐苹果，再看看孙悟空那筐，大声嚷嚷着不公平，沙和尚也觉得不公平，求师傅主持公道。若要让徒弟们的苹果数量相等，唐僧应该怎么分呢？

我有 72 个苹果。

我的苹果比二师兄的多 9 个。

我的苹果是大师兄的一半。

35

18 解析

先求出猪八戒和沙和尚的苹果数量，然后算出三筐苹果的总数量。

第一步

猪八戒的苹果数量：

$$\text{（篮）} = \text{（篮）} \div 2 = 36（个）$$

72 个苹果

沙和尚的苹果数量：

$$\text{（篮）} = 36 + 9 = 45（个）$$

三筐苹果的总数量：

$$72 + 36 + 45 = 153（个）$$

第二步

孙悟空、猪八戒、沙和尚三人苹果数量相等，就是求平均数：

$$153 \div 3 = 51（个）$$

再求出孙悟空多出来的苹果数量：

$$72 - 51 = 21（个）$$

$$36 + 15 \qquad 6 + 45$$

分给猪八戒的苹果数量　　　分给沙和尚的苹果数量

答案：把孙悟空的苹果分 15 个给猪八戒，分 6 个给沙和尚。

19 小狐狸解题

空间图形

渐进 创造
解题思维方法

　　小狐狸放学后去找它的朋友小兔子玩，却看到小兔子愁眉苦脸的，便询问它原因。原来大象老师给大家布置了家庭作业，小兔子不知道怎么做呢。这次的作业小狐狸已经顺利做完了，它便耐心地帮小兔子一起分析解答。看着完成的作业，小兔子终于可以开心地和朋友一起去玩了。

　　下面是这次的家庭作业，你知道最后的答案是什么吗？

　　A　　　　　　B　　　　　　C　　　　　　D

19 解析

第一步 **先找第一组图形的规律。**

观察发现，这三个图形外面的形状分别是 3 条边、5 条边、7 条边，边数依次递增 2；里面的五角星分别有 5 颗星、3 颗星、1 颗星，个数依次递减 2。

所以，下面三个图形的规律和上面三个图形的规律相同。

第二步 **确定 ? 处的图形。**

第二组左边这两个图形外面的形状分别是 4 条边、6 条边，依次递增 2，所以"?"处的图形有 6+2=8（条）边；两个图形里面的五角星分别有 9 颗星、7 颗星，依次递减 2，所以"?"处的图形有 7−2=5（颗）星。

A   B   C   D

答案：B。

20 法师的良药

数据处理

渐进

解题思维方法

东汉某时期，天灾频发，瘟疫横行，民不聊生。老百姓们经常跑去寺庙祈福，求平安。一天，一名自称是"大贤良师"的法师出现在寺庙，说可以配制治病的良药送给百姓服用。

> 病人只需诚心跪拜后服下这碗药水即可病除。

在场的 25 名患病百姓立即服下法师配制的药水，不少气息将绝的病人竟转危为安。不久，消息一传十，十传百，老百姓都争相来找法师乞求药水。第二天有 50 名百姓前来，第三天有 100 名，第四天有 175 名……则第九天来找法师乞求药水的百姓有多少名？

注意："在场的 25 名百姓立即服下"，说明 25 就是第一天的人数哦！

第一步

| 第一天 25名 | 第二天 50名 | 第三天 100名 | 第四天 175名 |

+25   +50   +75

+25   +25

每次增加的人数都会比上一次增加的人数多 25 名。

第二步

接下来，我们按照上述规律，从第五天开始加到第九天。

日期/天	第五天	第六天	第七天	第八天	第九天
相比前一天增长的人数	100	125	150	175	200
人数/名	275	400	550	725	925

答案：第九天来找法师乞求药水的百姓有 925 名。

21 小九的悠悠球

抽象概括

创造

解题思维方法

    小九最近喜欢上了玩悠悠球，哥哥便把自己以前非常喜欢的一个悠悠球送给了他，并教了他一些新的玩法。小九渐渐地发现在玩悠悠球时，如果在间隔相同的时间让球停下来，球上的图案就会呈现出可循环的规律（如下图所示）。

    如果悠悠球最后停住时显示的是第 4 个图案，请根据上面的规律，猜测一下，小九下一次间隔相同的时间让球停住的时候，悠悠球上的图案是怎样的？

21 解析

我们一起来观察一下悠悠球呈现出的图案规律吧。

 **第一步**  图案颜色逆时针移动 2 个位置

 **第二步**  图案颜色再逆时针移动 2 个位置

 **第三步**  图案颜色再逆时针移动 2 个位置

由上述可知，每次间隔相同的时间，悠悠球停住时图案颜色均逆时针移动 2 个位置，得到的悠悠球图案如下：

22 谁打破了玻璃

四位同学在教学楼走廊踢球，不知道是谁踢的球把教室窗户的玻璃打破了，正在办公的刘老师跑出来一看，问："是谁打破了玻璃？"

小胖：不是我打破的。

小奇：是小芝和小迪中的一人打破的。

小迪：是小胖打破的。

小芝：小迪撒谎。

刘老师一再追问，他们承认了只有一人说的是真话，另外三人说的是假话。请你帮刘老师分析一下，究竟是谁打破了玻璃？

21 解析

我们来看一下是谁打破了玻璃。

假设小胖说的是真话，小奇、小芝、小迪说的是假话。

小奇　　　　小迪　　　　小芝

是小奇或小胖打破的　　不是小胖打破的　　小迪说的是真话

与小迪说的假话产生矛盾，所以假设不成立。

发现：小芝或小迪同时说假话时，会产生矛盾。又因为只有一人说真话，则可以确定小芝和小迪中有一人说的是真话。

接下来先假设小芝说的是真话，小胖、小奇、小迪说的是假话。

小胖　　　　小奇　　　　小迪

是我打破的　　是小奇或小胖打破的　　不是小胖打破的

这时，小胖与小迪说的话相矛盾，所以这个假设不成立。

假设小迪说的是真话，小胖、小奇、小芝说的是假话。

小胖　　　小奇　　　小迪　　　小芝

四人说的话都指向玻璃是小胖打的，所以假设成立。

答案：是小胖打破了玻璃。

23 小刺猬学数学

应用创新 · 渐进 逆向 试探
解题思维方法

　　小刺猬想让自己的数学成绩和小兔子一样好，能经常得满分。于是，它向长颈鹿老师请教，老师对它说："孩子，你能主动要求提高学习成绩，这点就很值得肯定。如果再利用课余时间加强学习，相信你的数学成绩一定能够有很大突破。那我们从今天开始一起学习数学吧！"接着，长颈鹿老师给小刺猬布置了一道课外题让它思考，并告诉它题中每个正方形中的数为一组，每组数据都是一样的规律，现在需要填出图中所有"?"处的数字。

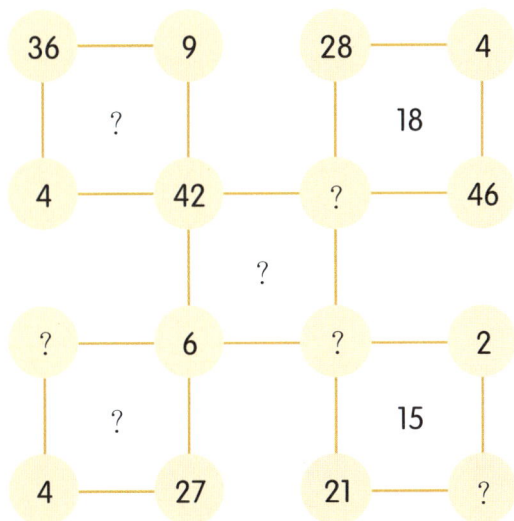

```
   36 ─── 9        28 ─── 4
      ?                18
   4 ─── 42        ? ─── 46
          ?
   ? ─── 6         ? ─── 2
      ?                15
   4 ─── 27       21 ─── ?
```

　　小朋友，你能试试做出这道题吗？

23 解析

第一步

我们先从第一行的两个正方形开始观察，因为这两个正方形里都只有一个未知数，可以根据里面已知的数找一找它们之间的关系。

右上及左下两个对角线上的数字相乘，所得之积放左上角。

右下及左上两个对角线上的数字相减，所得之差放中间。

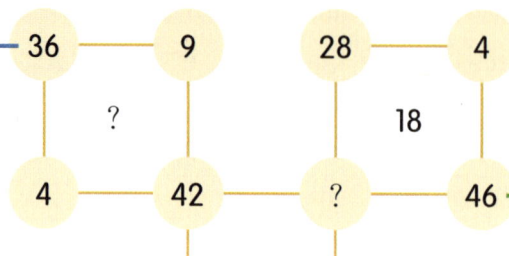

$4 \times 9 = 36$

$46 - 28 = 18$

第二步

根据上面的规律，一边验证一边填出每个"?"处的数字。

$42 - 36 = 6$，所以此处为 6。

$4 \times 7 = 28$，所以此处为 7。

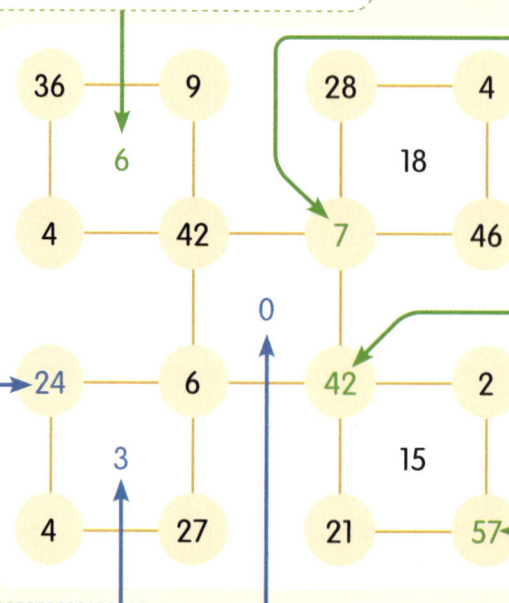

$4 \times 6 = 24$，所以此处为 24。

$21 \times 2 = 42$，所以此处为 42。

$42 + 15 = 57$，所以此处为 57。

$27 - 24 = 3$，所以此处为 3。

$42 - 42 = 0$，所以此处为 0。

24 农民伯伯的虾和蟹

判断理解

过滤

解题思维方法

　　农民伯伯在田里养了一些小龙虾和螃蟹，每天早上都要给它们投喂饵料。这天，农民伯伯和往常一样站在田中央撒饵料，他抓起一把饵料，身体一边转动一边将饵料撒向四周。一圈下来最远大概撒出 1.1 米的距离。你能根据小龙虾和螃蟹与农民伯伯的距离，圈出撒完一圈后能吃到饵料的小龙虾和螃蟹吗？

1.0 米
1.3 米
0.3 米
1.1 米
1.8 米
1.2 米
1.2 米
0.8 米
1.4 米
1.2 米
0.4 米
1.0 米
1.1 米
1.3 米
1.5 米

24 解析

半径为 1.1 米的圆内的小龙虾和螃蟹，都能吃到饵料。

我们一起圈出能吃到饵料的小龙虾和螃蟹吧！

25 王子的爱心气球

数据处理

渐进

解题思维方法

气球王国的乞巧节有个传统习俗，男子可以用漂亮的气球做成特别的造型，送给自己心爱的女子。巴卡身为气球王国的王子，准备做一个巨大的爱心气球造型，送给自己的未婚妻。巴卡王子把气球粘在准备好的背景板上，按照规律摆放了 20 层，样子如下图所示，从下往上依次是第 1 层、第 2 层、第 3 层……

小朋友，你能算算第 20 层有多少个气球吗？它们是什么颜色的？

25 解析

线索

我们先确定前面 4 层气球的个数。

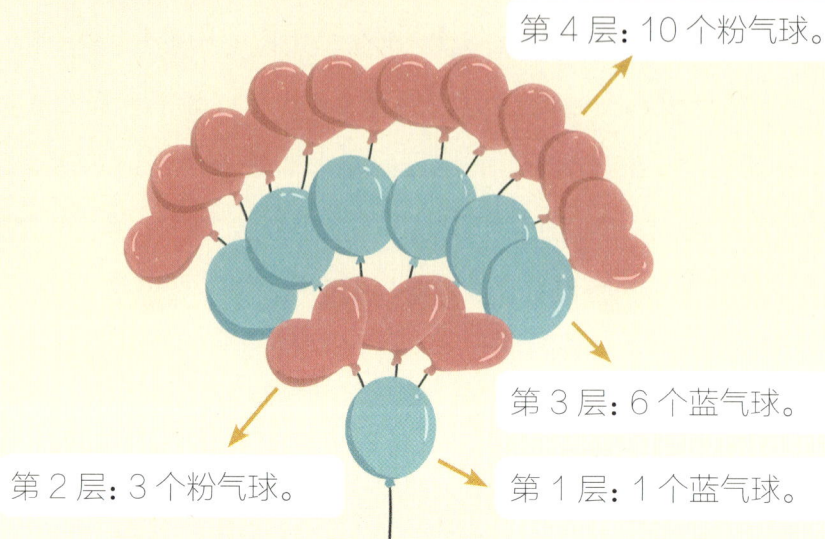

第 4 层：10 个粉气球。

第 3 层：6 个蓝气球。

第 2 层：3 个粉气球。

第 1 层：1 个蓝气球。

通过分析验证发现，每一层的气球数量等于第一层到该层层数的层数之和；单数层是蓝气球，双数层是红气球。

第 1 层： $= 1$

第 2 层： $+$ $=3$

第 3 层： $+$ $+$ $=6$

第 4 层： $+$ $+$ $+$ $=10$

那么第 5 层有气球 $1+2+3+4+5=15$ （个）。

……

第 20 层有气球 $1+2+\cdots+18+19+20=\dfrac{20\times(20+1)}{2}=210$ （个）。

答案：第 20 层有 210 个红气球。

26 没有人的办公楼层

某公司有 1 幢 5 层的办公写字楼，最上面两层为公司领导办公室。每个周末，只有甲、乙、丙、丁 4 人要来公司加班。甲和丙是领导且不在同一层楼办公；乙不在 3 楼办公；甲和丁之间隔着一层楼；丁的办公楼层比乙的高。

如果丙在顶楼办公，则哪一层楼在周末没有人办公？

26 解析

我们来看一下 4 个人所在办公楼层的情况吧。

第一步

一共 5 层楼，丙在顶楼，则同为领导的甲只能在 4 楼。

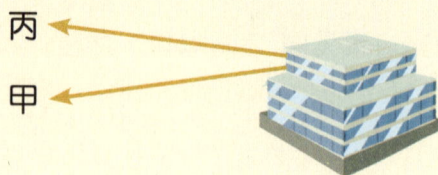

丙 ←
甲 ←

第二步

根据已知条件甲和丁之间隔着一层楼，可以确定丁在 2 楼。

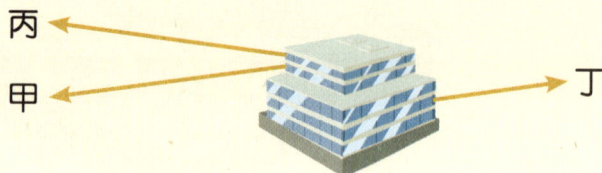

丙 ←
甲 ← → 丁

第三步

又因为丁的办公楼层比乙的高，所以乙在 1 楼。

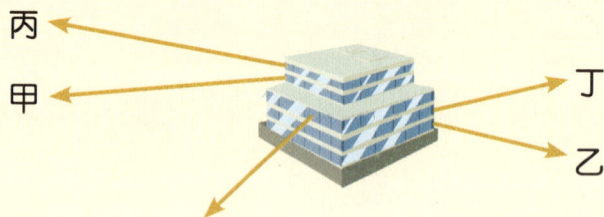

丙 ←
甲 ← → 丁
→ 乙

所以，3 楼没有人办公。

答案：3 楼在周末没有人办公。

27 薇薇的存钱罐

空间图形

过滤　试探

解题思维方法

　　薇薇有一个非常漂亮的正方体存钱罐，那是她今年生日的时候姐姐用硬纸壳给她做的生日礼物，姐姐还亲自在上面画了美丽的图案，所以薇薇十分爱惜。一天，存钱罐不小心被倒下的重物压坏了，薇薇很伤心。姐姐见状，便安慰道："你放心，我很快能修好的，还可以帮你修回原样。"姐姐修好的存钱罐会是什么样子的呢？

A

B

C

D

我们一起帮薇薇把存钱罐复原吧！

第一步

将存钱罐拼好并摆正。

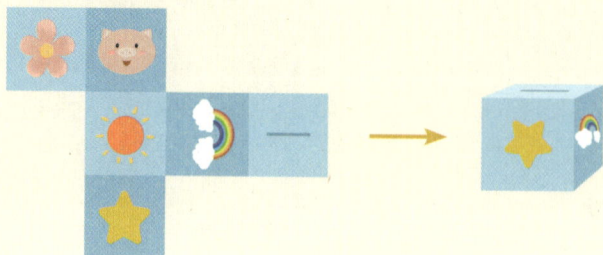

可以发现，当存钱罐摆正时，最上面是投币口 ▬ ，此时的彩虹图案应该是正的，所以选项 A、B 都不对。

第二步

我们再把存钱罐倒过来看，将图案 ☀ 面朝上，则它复原的样子有以下四种情况：

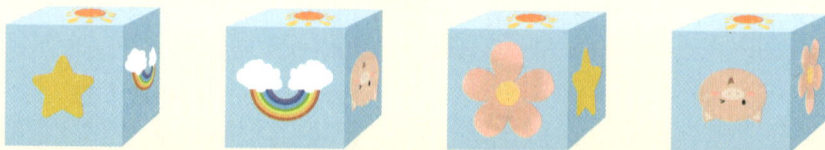

我们可以发现，第 4 幅画就是题中的选项 D，所以姐姐修好的存钱罐应该是 。

答案：D。

28 小牛的采蜜之路

　　小牛想邀请小羊、小兔和小猫一起去蜂蜜房采蜜，途中不仅要邀上这几位伙伴，还要采四种不同的花。你知道小牛要怎样计划路线，才能不走重复的路也不采重复的花吗？

28 解析

我们一起来看看小牛的路线吧!

我们先把小羊、小兔、小猫的位置和四种不同的花找出来,然后把小牛的路线画出来。

蜂蜜房

29 和星星通话

抽象概括 · 渐进 · 过滤

解题思维方法

夜幕降临，天上的星星一闪一闪亮晶晶。矮人国的小孩想起半年前自己对满天星空许下的心愿，但是却迟迟没有实现。小孩便打了一通电话给星星："星星，我的心愿怎样才能实现呢？"星星神秘地说："宇宙太大，我被困住了，只要你能找到我下一次出现的位置，便可以实现你的愿望。"

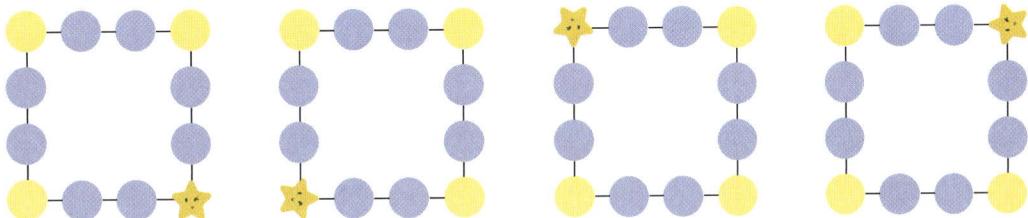

小朋友，你能通过前面几次星星出现的位置，帮助矮人国的小孩找到星星下一次出现的位置吗？

我们一起来探讨一下前几次星星位置的规律吧。

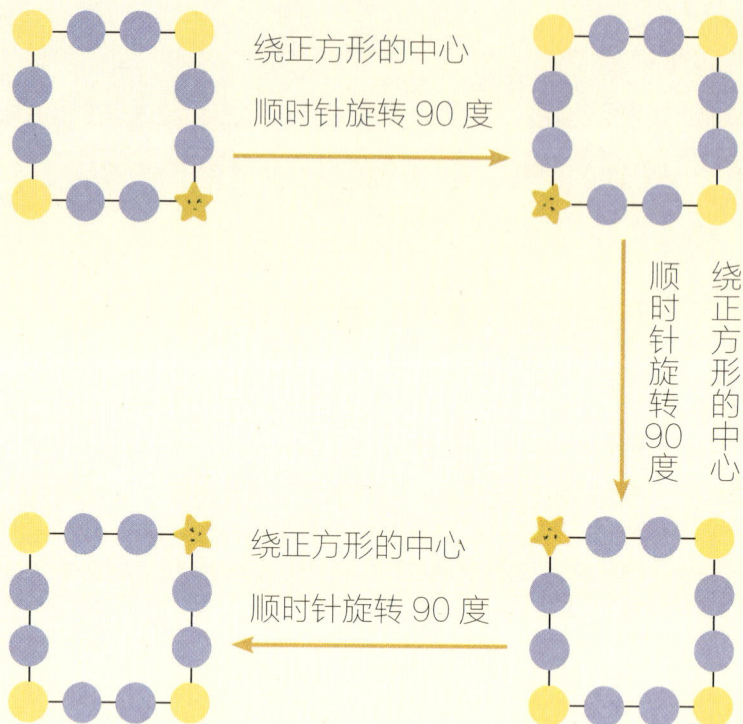

绕正方形的中心
顺时针旋转 90 度

绕正方形的中心
顺时针旋转 90 度

绕正方形的中心
顺时针旋转 90 度

通过观察发现，星星每次都是按照绕正方形的中心顺时针旋转 90 度的规律变换位置的。所以，星星下一次出现的位置也应该是在第四次的基础上绕正方形的中心顺时针旋转 90 度。

则星星下一次出现的位置是：

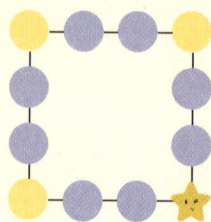

30 小新送早餐

小新和小云是一对好朋友，他们的家在一条街上，相距 3 千米，但是上班的地点都靠近对方家，所以他们每天上下班都能相遇。一天，小新准备第二天给小云带早餐，和小云约好第二天早上 8 点同时从家出发。小新骑车的速度是 0.32 千米/分钟，小云骑车的速度是 0.28 千米/分钟，小新多久才能将早餐送到小云手中？

30 解析

小新多久才能将早餐送到小云手中，也就是求小新和小云的相遇时间。

接下来，我们一起来看看小新和小云每分钟骑行的路程，什么时候两人的路程相加等于 3 千米。

	小新	小云	两人的路程之和	
1 分钟	0.32 千米	0.28 千米	0.32＋0.28＝0.6（千米）	＜3 千米
2 分钟	0.64 千米	0.56 千米	0.64＋0.56＝1.2（千米）	＜3 千米
3 分钟	0.96 千米	0.84 千米	0.96＋0.84＝1.8（千米）	＜3 千米
4 分钟	1.28 千米	1.12 千米	1.28＋1.12＝2.4（千米）	＜3 千米
5 分钟	1.6 千米	1.4 千米	1.6＋1.4＝3（千米）	＝3 千米

在第 5 分钟的时候，两人的路程相加等于 3 千米，也就是小新和小云的相遇时间。

答案：小新 5 分钟才能将早餐送到小云手中。

时光学

扫码了解
更多相关
知识内容

30天
"全脑开发"
逻辑思维训练

基础篇

时光学编辑室 编

学校：＿＿＿＿＿＿

班级：＿＿＿＿＿＿

姓名：＿＿＿＿＿＿

百花洲文艺出版社
BAIHUAZHOU LITERATURE AND ART PRESS

图书在版编目（CIP）数据

30天全脑开发：逻辑思维训练／时光学编辑室编
. －－ 南昌：百花洲文艺出版社，2022.1
　　ISBN 978-7-5500-4623-8

　　Ⅰ.①3… Ⅱ.①时… Ⅲ.①逻辑思维－少儿读物
Ⅳ.①B804.1-49

中国版本图书馆CIP数据核字（2021）第274497号

30天全脑开发：逻辑思维训练
30TIAN QUANNAO KAIFA LUOJI SIWEI XUNLIAN

时光学编辑室 编

出 版 人	章华荣
策　　划	邹　英
责任编辑	周　晓　杨柳牧菁
封面设计	顾亚荣　邓芊芊
版式设计	游桤渲
制　　作	吴和权　易龙婷　曾　玲
出版发行	百花洲文艺出版社
社　　址	南昌市红谷滩区世贸路898号博能中心一期A座20楼
邮　　编	330038
经　　销	全国新华书店
印　　刷	江西省和平印务有限公司
开　　本	787mm×1092mm　1/16　印张　16
版　　次	2022年1月第1版
印　　次	2022年1月第1次印刷
字　　数	15千字
书　　号	ISBN 978-7-5500-4623-8
定　　价	99.80元

赣版权登字　　05-2022-6
版权所有，侵权必究
邮购联系　0791-86895109
网　　址　http://www.bhzwy.com
图书若有印装错误，影响阅读，可向承印厂联系调换。

《30天全脑开发 逻辑思维训练》

—— 六大领域五大方法让思维活起来

六大领域

- **空间图形** 以空间立体结构或平面图形为载体的问题。
- **数据处理** 主要以通过数据的计算、推演解答的问题。
- **判断理解** 不需要很复杂的推理或计算过程，只要理解了某个概念或者要求就可通过判断解决的问题。
- **逻辑推理** 需要根据所给条件进行缜密推理解决的问题。
- **应用创新** 把某些新颖的创意应用在实际问题中的情况。
- **抽象概括** 需要从已知条件中总结提炼出某种规律，把抽象问题具体化解决的情况。

五大方法

过滤 过滤法：对问题中所有信息进行充分的分析整理后进行解答的方法。

试探 试探法：把能够想到的所有解决问题的可能性进行逐一验证的方法。

逆向 逆向法：从问题的结果出发反向推导从而判断验证答案的思维方法。

创造 创造法：通过改变看待问题的角度来发现解决问题的新思路的方法。

渐进 渐进法：根据已知的条件逐步推导出答案的递推式解决问题的方法。

contents 目录

01 卡片游戏

　　小光和他的朋友强子、小时在玩卡片游戏。地上摆满了打乱顺序的各种卡片，每张卡片上画有不同的图案，每人再随机抽取一张任务卡，并按照抽到的任务卡要求执行任务，谁最先完成任务便算赢。有一轮游戏，小光抽出的任务卡写着"找出所有3的倍数"，强子的任务卡要求"找出所有的水果"，小时的任务是"找出生活在水里的动物"。

　　下面是这一轮他们玩游戏时的情况，你能根据他们的任务卡内容，知道每个人分别需要找到多少张卡片吗？

第一步

3

小光的任务"找出所有 **3 的倍数**"。我们找到写有数字的卡片，再判断哪些是 3 的倍数，下面圈出来的就是小光需要的卡片。

2　③　⑥　8　⑨

第二步

小光的任务强子的任务"找出所有的 **水果**"。仔细观察卡片，图中的水果有苹果、香蕉、菠萝三张卡片。

第三步

小时的任务"找出生活在 **水里的动物**"。我们找到画有动物的卡片，再判断哪些是生活在水里的，下面圈出来的就是小时要拿的卡片。

答案：小光和强子这一轮都需要找到 3 张卡片，小时需要找到 2 张卡片。

02 打鼹鼠游戏

数据处理

渐进

解题思维方法

　　游乐场里有打鼹鼠游戏，每个鼹鼠洞下面有一个算式，算式的计算结果相同的洞冒出鼹鼠的次数最多。请问冒出鼹鼠次数最多的洞所对应的算式结果分别是多少？

$16+28=$	$72-27=$	$5\times9=$	$180\div4=$
$20+28=$	$74-16=$	$6\times8=$	$96\div2=$
$15+18=$	$52-19=$	$3\times12=$	$99\div3=$
$100-19=$	$33+48=$	$3\times27=$	$160\div2=$

02 解析

先分别 **计算** 所有算式的结果，再对所有结果进行 **观察统计**。

$16+28=44$	$72-27=45$	$5\times9=45$	$180\div4=45$
$20+28=48$	$74-16=58$	$6\times8=48$	$96\div2=48$
$15+18=33$	$52-19=33$	$3\times12=36$	$99\div3=33$
$100-19=81$	$33+48=81$	$3\times27=81$	$160\div2=80$

　　通过计算结果，发现所有算式中相同的计算结果有 45、48、33 和 81，且这些结果的个数一样多。

　　答案：冒出鼹鼠次数最多的洞所对应的算式结果分别是 45、48、33 和 81。

03 摘苹果

秋天到了，苹果熟了，爸爸需要尽快将苹果树上成熟的苹果摘下来。小雨也想帮忙一起摘苹果，爸爸想考一考她，于是将成熟的苹果都贴上了写有质数的标签。

请你帮小雨找出成熟的苹果吧。

03 解析

解题密钥

质数

质数是指除了 1 和本身以外，没有其他因数的自然数。

所以只需找出带有质数的苹果，就能找出所有成熟的苹果。

答案：通过观察可知，带有数字 2、3、17、19、23、29 的苹果是成熟的苹果。

04 百步穿杨

数据处理

过滤

解题思维方法

江白最近在练习射箭，箭和箭靶上都标有不同的数字。射箭时，要求箭只能射向计算结果与箭所标的数字相同的箭靶。

9

25

49

1^2

2^2

3^2

4^2

5^2

6^2

7^2

8^2

9^2

请问标有数字 9、25、49 的三支箭应该分别射向哪几个箭靶？

04 解析

解题密钥

先计算出每个 **箭靶** 对应的数字。

$1^2=1×1=1$　　　$2^2=2×2=4$　　　$3^2=3×3=9$

$4^2=4×4=16$　　　$5^2=5×5=25$　　　$6^2=6×6=36$

$7^2=7×7=49$　　　$8^2=8×8=64$　　　$9^2=9×9=81$

答案：标有数字为 9、25、49 的三支箭应该分别射向标有 3^2、5^2、7^2 的箭靶。

05 家庭作业

　　弟弟小杨在做家庭作业时碰到了一道找规律的数学题，一时半会儿没想出来便去请教哥哥小光。小光观察了一下题中的图形规律，很快就有了思路并给出了答案，小杨听完他的讲解后越发佩服哥哥了。

　　下面就是这道家庭作业，你能根据题中规律知道哥哥的答案是什么吗？

2　4　6　8　?

05 解析

解题密钥

我们先观察一下题中的图形，它们都是由若干个大小基本一致的橙子组成的 **数字** 形状。

前面的四个数字分别是 2、4、6、8。从第二个数字起，每个数字都比前一个数字多 2。因此第五个数字也比第四个数字多 2，所以哥哥的答案是 10，如下图所示。

06 猜积木

　　小猴与小兔在玩搭积木游戏，它们玩的积木都是五颜六色、大小相同的正方体。小猴在一个墙角将一堆积木搭建起来后，对小兔说："小兔，看看我堆在这墙角的积木，漂亮吧！你知道我一共用了多少块积木吗？"

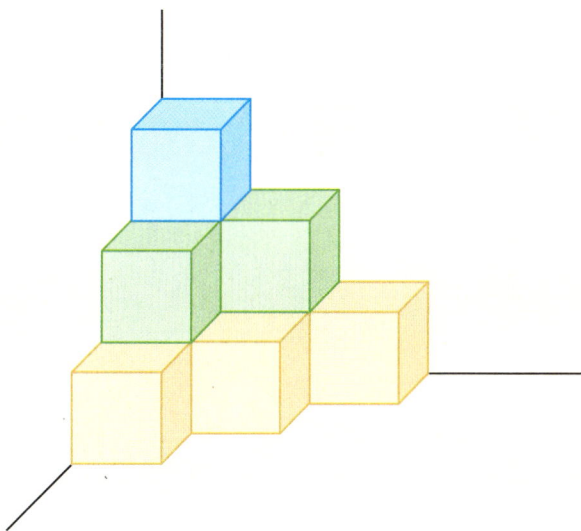

　　你知道我一共用了多少块积木吗？

　　嗯……我想想，应该是多少呢？

　　小朋友，你能帮小兔回答小猴的问题吗？

06 解析

解题密钥

上面一层积木的正下方都有积木，因为被遮住，所以看不见。把积木 **按层分开**，如下图所示。

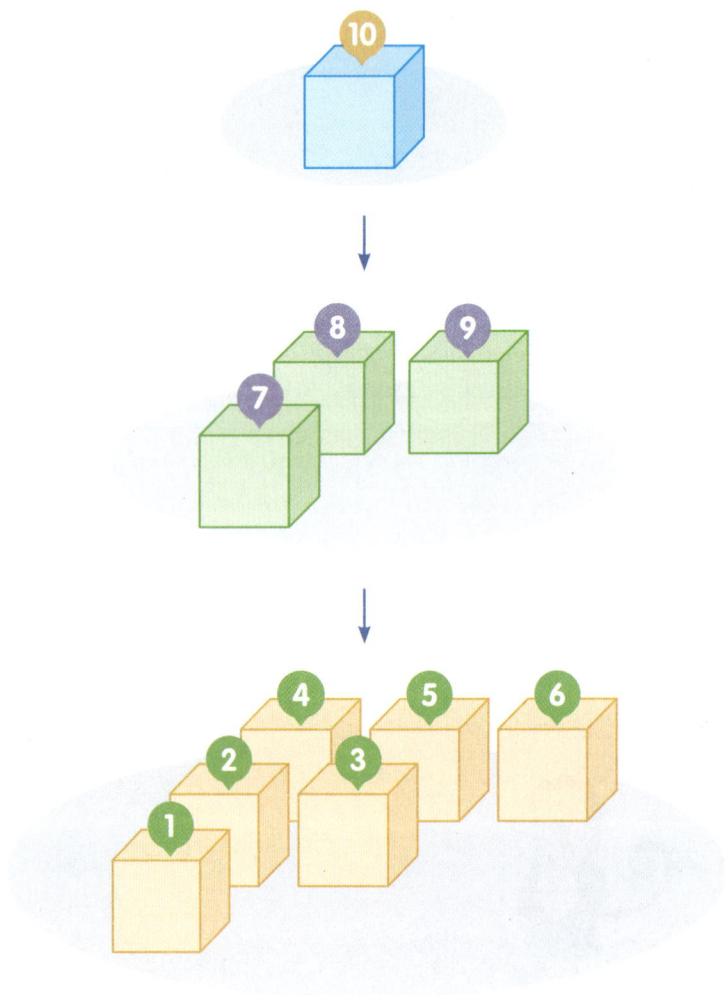

答案：小猴一共用了 10 块积木。

07 分蛋糕

应用创新

渐进

解题思维方法

　　动物园园长为园里的动物们制作了一个特大的圆柱形蛋糕，蛋糕的直径为4米，高为2米。大象、狗熊、小猴、松鼠、狮子、长颈鹿和小羊都来分蛋糕了，大象分得了蛋糕的二分之一，狗熊分得了八分之一，小猴分得了二十四分之一，松鼠分得了四十八分之一，狮子分得了六分之一，长颈鹿分得了十二分之一，剩下的蛋糕全部给小羊。请问小羊能分到多少立方米的蛋糕？

二分之一

？

八分之一

二十四分之一

十二分之一

四十八分之一

六分之一

解题密钥

圆柱的 **体积公式** 为 $V=Sh=\pi r^2 h$，其中 r 是圆柱底面圆的半径，h 是圆柱的高。

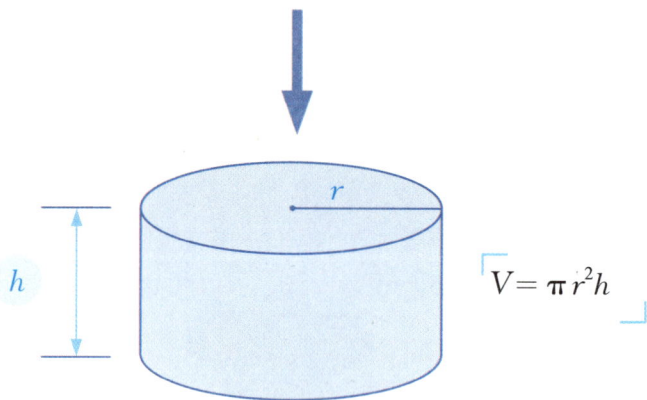

$$V=\pi r^2 h$$

蛋糕被其他动物们分掉后留给小羊的蛋糕份额：

$$1-\frac{1}{2}-\frac{1}{8}-\frac{1}{24}-\frac{1}{48}-\frac{1}{6}-\frac{1}{12}=\frac{1}{16}$$

这个蛋糕原来的体积：

$$V=3.14\times(4\div2)^2\times2=25.12（立方米）$$

剩下的蛋糕的体积：

$$25.12\times\frac{1}{16}=1.57（立方米）$$

答案：小羊能分到 1.57 立方米的蛋糕。

08 小光的暑假作业

抽象概括

过滤　渐进

解题思维方法

暑假马上就要结束了，小光很担心不能按时上交他的暑假作业。因为放假前老师给他布置的作业中还差一题不会做呢。小朋友，你能帮小光解答这个难题好让他能够按时交作业吗？

观察下列图形，找出规律，从给出的四个选项中选出最后"？"处的图形。

08 解析

解题密钥

观察前面三个图形，可以发现后面每个图形中 **三角形的个数** 都比前一个图形中三角形的个数多 2。

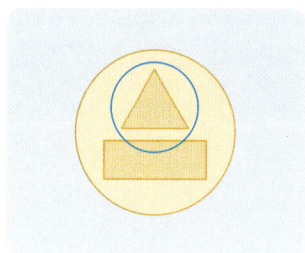

1个△

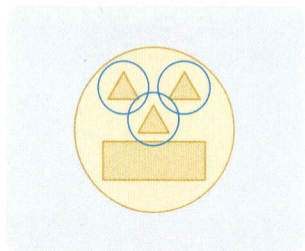

3个△

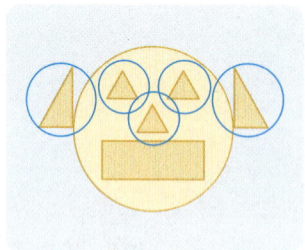

5个△

所以第 4 个图形中应有 7 个三角形。

答案：B。

09 蜀国将领排队打疫苗

疫情期间不宜打仗，于是军师诸葛亮建议刘备带领部下将领接种疫苗。刘备表示赞同，他领着关羽、张飞、赵云、黄忠、马超一起去打疫苗。

接种疫苗时，刘备等 6 人排成一队（如下图，箭头指向队伍前面）。你能根据他们对各自位置的描述确定排在第五位的人是谁吗？

前 ←——————————————————————— 后

我排在最前面。

我离大哥最远。

刘备

张飞

赵云和黄忠就在我前后。

我离主公最近。

关羽

赵云

09 解析

第一步

可以先根据 刘备 和 张飞 的描述确定他们两个的位置。

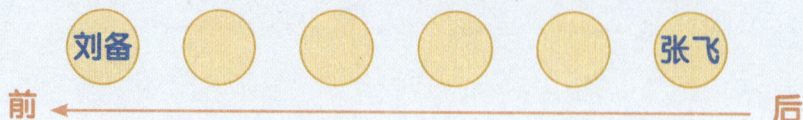

刘备 ○ ○ ○ ○ 张飞

前 ← —————————————— 后

第二步

其次根据 赵云 的描述可以知道他排在第二个位置。

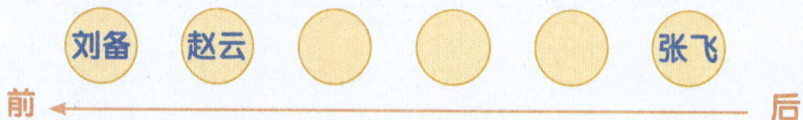

刘备 赵云 ○ ○ ○ 张飞

前 ← —————————————— 后

第三步

再根据 关羽 的描述可以确定关羽和黄忠的位置。

刘备 赵云 关羽 黄忠 ○ 张飞

前 ← —————————————— 后

第四步

最后剩下的第五的位置自然是 马超 。

刘备 赵云 关羽 黄忠 马超 张飞

前 ← —————————————— 后

答案：排在第五位的人是马超。

10 给雕塑涂油漆

街头有一座年代久远的铁质雕塑，它由大小相同的正方体堆积而成。这一天，工人正在给雕塑涂上新的油漆。看着劳作的油漆工人，正在街边玩耍的小安心里冒出一个疑问：如果工人给雕塑全部刷一遍新油漆，需要涂上新油漆的正方体的面数是多少呢？（雕塑的底面不用涂油漆）

为了解答心中的疑惑，小安在雕塑的前面（如图1）仔细观察了一遍，又在后面（如图2）看了看，在雕塑前后看到的样子都是一样的。

从前面看

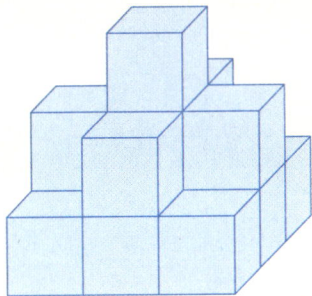

图1

从后面看

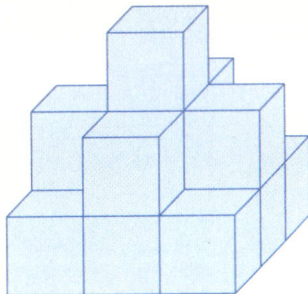

图2

请你帮小安解答下列问题：

（1）只有1面被涂新油漆的正方体有几个？

（2）有3面、4面、5面被涂新油漆的正方体各有几个？

（3）所有需要涂上新油漆的正方体面数是多少？

30天
全脑开发
逻辑思维训练

解题密钥

观察图1和图2可以发现，将雕塑拆**分成3层**后可以直观地得出每层小正方体的个数。

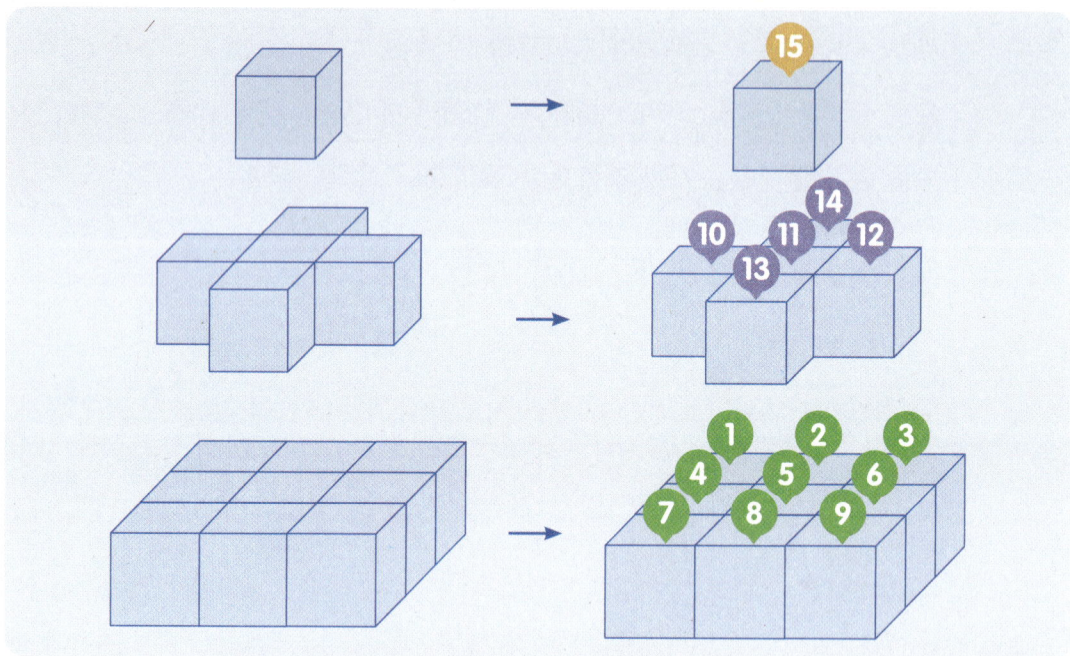

最上面一层的15号正方体需要涂5面新油漆。

中间一层的11号正方体不需要涂，其余的10、12、13、14号均需要涂4面新油漆。

最下面一层的5号正方体不需要涂，2、4、6、8号只需要涂1面新油漆，剩下的1、3、7、9号均需要涂3面新油漆。

答案：（1）只有1面被涂新油漆的正方体有4个；

（2）有3面、4面、5面被涂新油漆的正方体分别有4个、4个、1个；

（3）所有需要涂上新油漆的正方体的面数有：

5+4×4+4+4×3=37（面）。

11 桃子的重量

数据处理

渐进　试探

解题思维方法

　　森林里正在举行派对，派对上有各种水果：苹果、香蕉、梨、西瓜和桃子。这些水果单个的重量分别为 100 g、250 g、375 g、500 g、2500 g，但是不清楚每个重量对应哪种水果，只知道这些水果之间的重量存在如下等量关系：

　　小猴子拿了一个桃子在手中掂量了一下，正估摸着这桃子有多重，你能根据上面的信息快速准确地告诉它吗？

2 个梨的重量肯定是偶数，因此一个苹果的重量不可能为 375 g，只可能为 100 g、250 g、500 g 或 2500 g 中的一个。

当一个苹果的重量是 100 g、500 g 或 2500 g 时，一根香蕉的重量分别为 40 g、200 g 或 1000 g，与题中所给条件不符。

当一个苹果的重量是 250 g 时，一根香蕉的重量为 250×2÷5＝100（g），与题中所给条件符合，因此一个苹果的重量为 250 g，一个梨的重量为 250×3÷2＝375（g），一根香蕉的重量为 100 g。

一个西瓜的重量为 250×10＝2500（g）。

一个桃子的重量为（2500+2×250）÷6＝500（g）。

答案：一个桃子的重量为 500 g。

12 美丽的窗户

空间图形

过滤　创造

| 解题思维方法 |

六一儿童节，数学老师在教室的窗户上粘贴了一些有规律的图案做装饰。

为了考验一下学生，老师特意留下一扇没粘贴图案的窗户。

▲ ● ◆ ⭐ 分别表示数字1、2、3、4，并且每幅图案中的图形都依次用 "×" "＋" "－" 这几个运算符号连接，得出相应的运算结果。例如图案 ▲ ● ◆ ⭐ 表示的运算算式是 1×2＋3－4＝1。

你能根据规律画出最后一扇窗户的图案吗？这个图案对应的运算结果是多少？

12 解析

解题密钥

先观察每行图案，总结规律，得出没画的图案。

第一行

第二行

第三行

每行两边第一个图形都相同

每行两边第 2、3、4 个图形排列顺序总是相反的

可知没画出来的图案应该是 ★◆●▲。

再由题中所给图形与图形之间表示的数量关系来算出结果：

$$4 \times 3 + 2 - 1 = 13$$

答案：最后一扇窗户的图案是 ★◆●▲，这个图案对应的运算结果是 13。

13 勤劳的柴时光

应用创新

渐进

解题思维方法

柴时光打算把家里的地面翻新装饰一下。它在一个正方体积木上用小刀刻上了几个图案，心想：我用刻好的积木涂上颜料在地板上滚一圈后就可以印上漂亮的花纹，重复这个方法很快就可以把地面装饰好了。

小朋友，如果按照柴时光的想法，地板上的花纹可以是什么样子的呢？

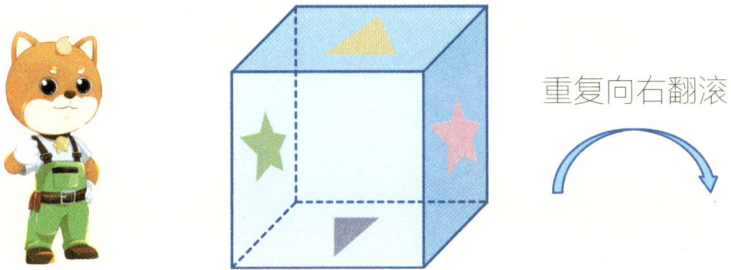

重复向右翻滚

A. ★ ▼ ▲ ★

B. ★ ▲ ★ ▼

C. ▲ ★ ★ ▼

D. ★ ▲ ★ ▼

13 解析

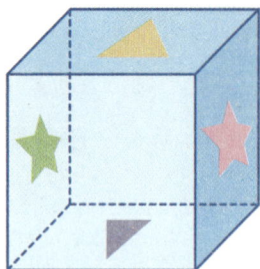

 第一次向右滚 90°

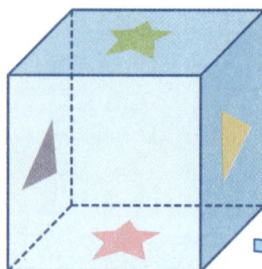

第二次向右滚 90°

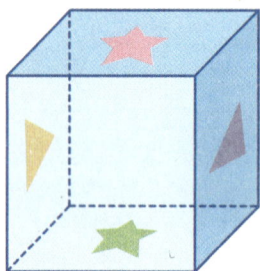

第三次向右滚 90°

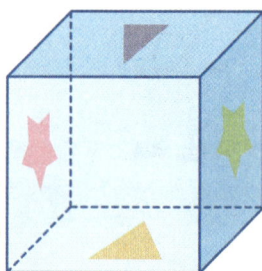

第四次向右滚 90°

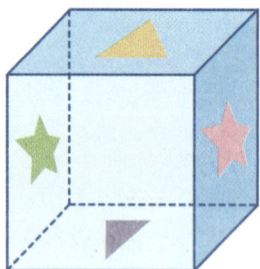

所以在地板上印出的图案是 ⭐ 🔺 ⭐ 🔻 。

答案：B。

14 捕鼠夹上的陷阱

聪明的小猫在捕鼠夹上设置了一个谜题陷阱。如果有老鼠不小心踩到了夹子被捕，只有顺利解答出谜题才能打开捕鼠夹逃脱，否则就只能成为小猫的口中大餐。

这天晚上，一只倒霉的小老鼠被困在了捕鼠夹上，它正对着夹子上的谜题绞尽脑汁。只有将下面算式中 ♣ 表示的数字正确填入夹子中，才能打开夹子顺利逃脱。

$$\frac{⭐}{20} + ▲ = 8$$

$$▲ + ♦ = \frac{⭐}{3}$$

$$5 × ♦ - 6 × ▲ = ♠$$

$$♠ - ♦ = ♣$$

上面谜题中的所有图形都表示 1～100 以内的整数，且算式中的分数化简后的结果也都为整数，相同的图形表示相同的数字。你知道小老鼠应该填入什么数字才能不被小猫吃掉吗？

14 解析

解题密钥

⭐

1～100 以内既能被 3 整除，又能被 20 整除的数只有 60，则 ⭐ 表示的数是 60。

$$\frac{⭐}{20} + ▲ = 8$$

可得出 ▲ 表示的数是 $8 - \frac{60}{20} = 5$。

$$▲ + ◆ = \frac{⭐}{3}$$

◆ 表示的数是 $\frac{60}{3} - 5 = 15$。

$$5 × ◆ - 6 × ▲ = ♠$$

♠ 表示的数是 $5 × 15 - 6 × 5 = 45$。

$$♠ - ◆ = ♣$$

♣ 表示的数是 $45 - 15 = 30$。

答案：30。

15 森林体能测试

逻辑推理

过滤

解题思维方法

森林小学举行了一次体能测试，测试结束后，大象知道成绩排在前面 5 位的有小熊、小猪、小狗、小猴和小马，但是不清楚它们的具体名次，于是有了下面的对话：

> 我不是第一名，但成绩比我高的只有小马。

> 我的名次在小狗的前面。

> 大家的成绩都比我高。

你能根据它们的表述整理出前 5 位的具体排名吗？

15 解析

第一步

小熊说："我不是第一名，但成绩比我高的只有小马"，说明小马是第一名，小熊是第二名。

	第一名	第二名	第三名	第四名	第五名
小熊		✓			
小狗					
小马	✓				
小猪					
小猴					

第二步

小猪说："大家的成绩都比我高"，说明小猪是第五名。

	第一名	第二名	第三名	第四名	第五名
小熊		✓			
小狗					
小马	✓				
小猪					✓
小猴					

第三步

小猴说："我的名次在小狗的前面"，说明小狗是第四名，小猴是第三名。

	第一名	第二名	第三名	第四名	第五名
小熊		✓			
小狗				✓	
小马	✓				
小猪					✓
小猴			✓		

答案：第一名是小马，第二名是小熊，第三名是小猴，第四名是小狗，第五名是小猪。

16 迷宫探险

抽象概括

创造

解题思维方法

有一天，小熊、小猴和小猪一起玩迷宫探险游戏。在探险路上会遇到一道道关卡，只有根据关卡提示闯关成功才能进入下一关。它们闯过重重关卡后终于来到最后一关，只要这关成功通过就能打开终极宫门获取宝藏。

小熊、小猪尝试输入自己的答案后，都被提示错误，它们就只剩最后一次输入答案的机会了，三次输错答案，宫门就会永久关闭，前面的努力也将白费。经过大家的头脑风暴之后，小猴小心翼翼地输入了一个答案。看着宫门缓缓打开，它们都不约而同地跳了起来。

下面是关卡宫门上的试题，你知道小猴最后输入的答案是什么吗？

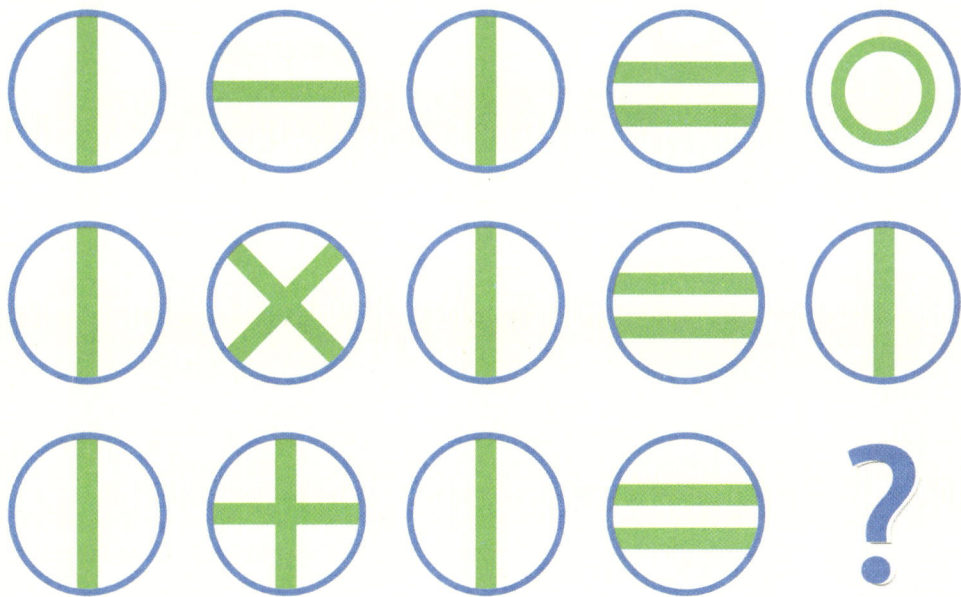

16 解析

解题密钥

观察前面两行图案，寻找规律。

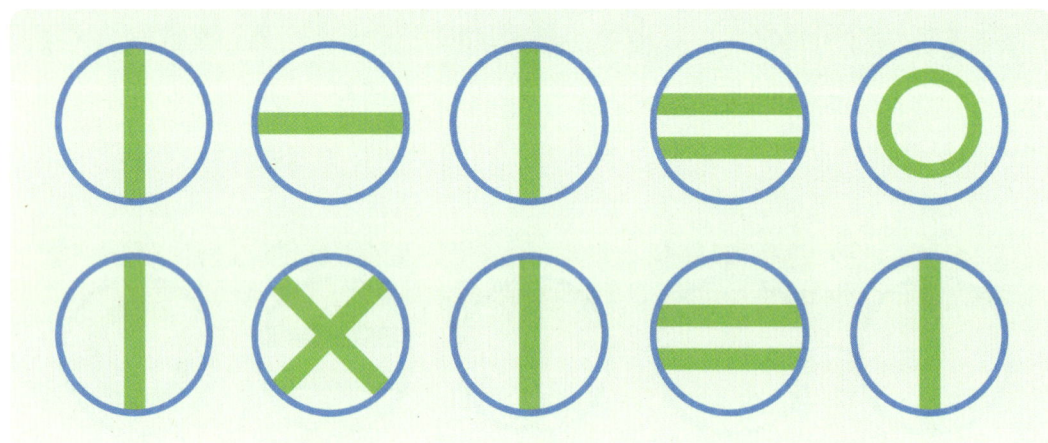

总结规律：前两行分别表示 1－1＝0 和 1×1＝1。

由此规律，得出最后一行表示的是 1＋1＝2，所以最后一个图形表示的数字是 2。

答案：最后输入的答案是 2。

17 分苹果

判断理解

过滤　试探

解题思维方法

　　小猴和小熊在果园里玩耍时发现苹果树上掉下来很多已经熟透了的苹果。它们数了数散落在地上的苹果，一共有 28 个。小猴和小熊都在想它们该如何去分配这些苹果，正纠结之时，停在树上的小鸟帮它们出了个主意："要不你们把这 28 个苹果分成两部分，每部分的苹果数量都是质数。谁先想好可以怎么分配谁就有选择的优先权，你们同意这个方法吗？"小猴和小熊一致同意后，便开动大脑思考了起来。

　　没过一会儿，小猴便激动地报出了一对数，你知道小猴报的数可能是哪两个吗？

28 个苹果

17 解析

解题密钥

要保证每部分的苹果数量都是 **质数**，可以先列出小于 28 的所有质数，从中找出相加之和为 28 的两个。

2   19   13

5   11   17

3   7   23

（小于 28 的所有质数）

从这些质数中选 2 个数相加和为 28：

当选择 5 和 23 时，有 5+23=28；

当选择 11 和 17 时，有 11+17=28。

答案：小猴报的数可能是 5 和 23，也可能是 11 和 17。

如图所示，把两张边长为 6 厘米的正方形卡纸重叠在一起，重叠部分（绿色部分）和未重叠部分（蓝色部分）的面积相等。

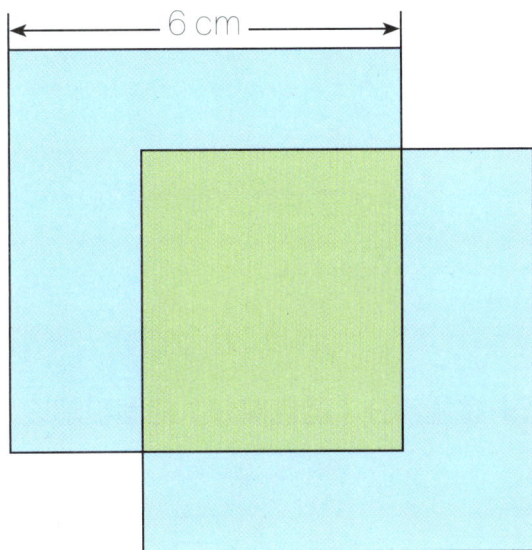

请问：重叠部分（绿色部分）的面积是多少平方厘米？

18 解析

第一步

从重叠的方式我们可以得到：

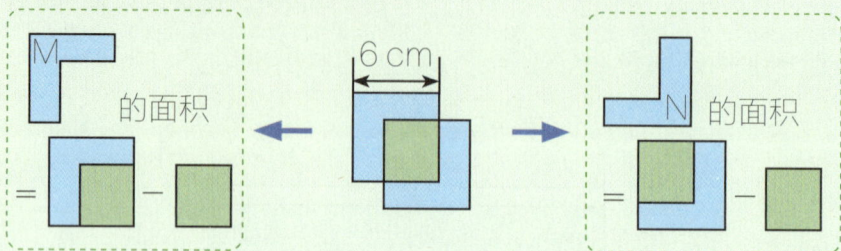

未重叠部分（蓝色部分）M 和 N 的面积都是由大小相同的正方形的面积减去重叠部分（绿色部分）的面积得到的，所以 M 的面积等于 N 的面积。

第二步

我们把未重叠部分（蓝色部分）的面积都设为 1 份。

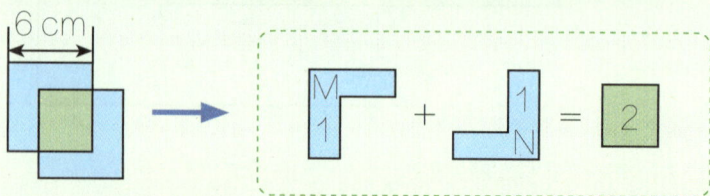

根据重叠部分（绿色部分）和未重叠部分（蓝色部分）的面积相等，得到重叠部分的面积为 2 份。

第三步

通过一张卡纸的面积，再确定重叠部分（绿色部分）的面积。

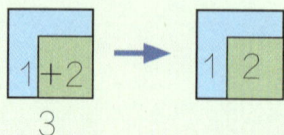

一张正方形卡纸的面积为 3 份，重叠部分的面积占其中的 2 份。

答案：重叠部分（绿色部分）的面积：$6×6÷3×2=24$（cm²）

19 排座位

新学期，老师给班上的同学重新编排了座位。阿海、小刘、小张、小马、明明、小亮、阿智、阿美和小新 9 人被安排在一起，他们的位置刚好形成一个正方形，如图所示。

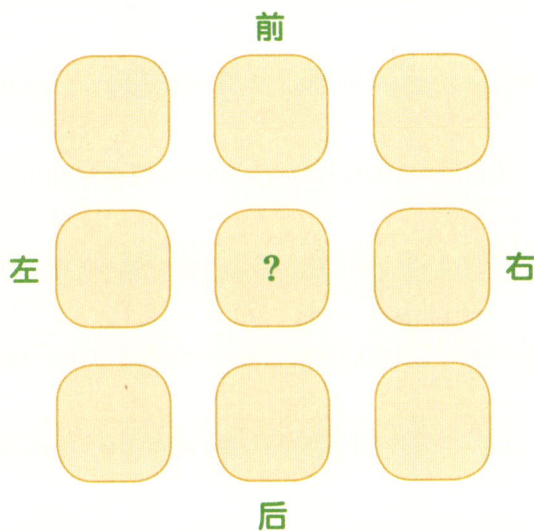

前

左　　　　？　　　　右

后

小刘说："我的前面是小张，右面是小新。"

明明说："我的前面是阿海，左面是小马。"

阿海说："我的前面是阿智。"

请问：**?** 处是谁的座位？

19 解析

根据小刘的说法"我的前面是小张，右面是小新"，可知有下面 4 种情况。

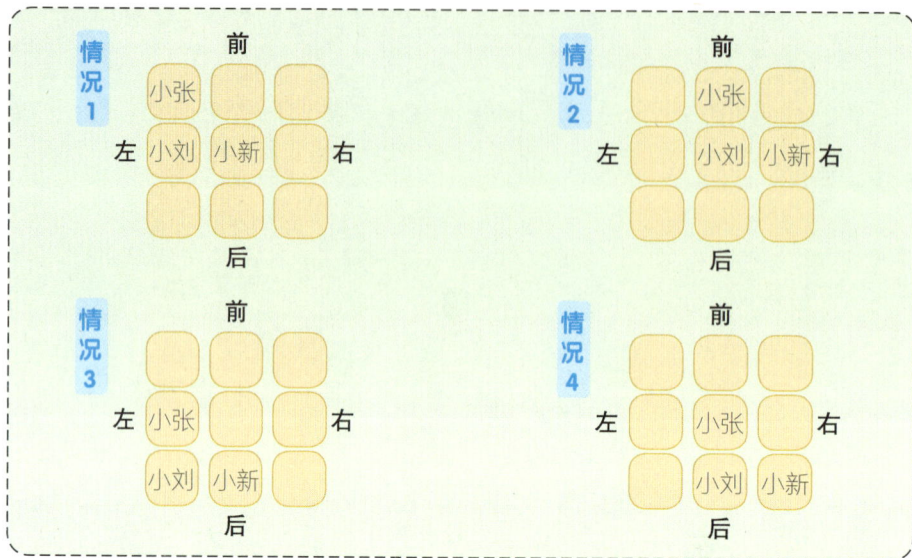

情况1		前	
	小张		
左	小刘	小新	右
		后	

情况2		前	
		小张	
左		小刘	小新 右
		后	

情况3		前	
左	小张		右
	小刘	小新	
		后	

情况4		前	
左		小张	右
		小刘	小新
		后	

根据明明的说法"我的前面是阿海，左面是小马"，只有上面的情况 1 和情况 3 符合条件。

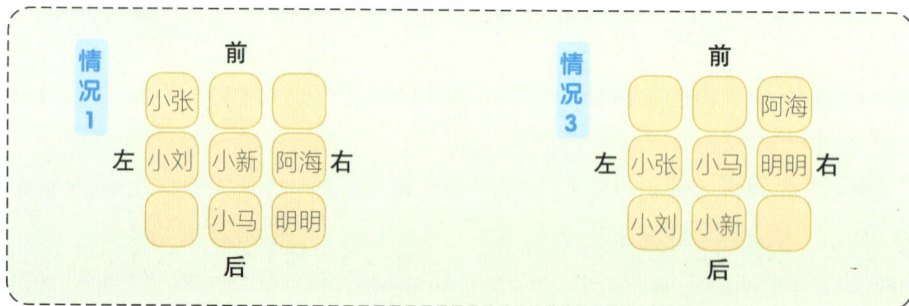

情况1		前	
	小张		
左	小刘	小新	阿海 右
		小马	明明
		后	

情况3		前	
			阿海
左	小张	小马	明明 右
	小刘	小新	
		后	

根据阿海的说法"我的前面是阿智"，所以只有情况 1 符合条件，则 **?** 处是小新的位置。

情况1		前	
	小张		阿智
左	小刘	小新	阿海 右
		小马	明明
		后	

答案： **?** 处是小新的座位。

38

20 座椅序号

数据处理　试探　渐进　|解题思维方法|

一个会议礼堂有 100 把座椅，每把座椅分别用 1～100 的数字标有相应序号。现从所有座椅中选取 10 把，将序号分别用字母 A、B、C、D、E、F、G、H、I、J 来表示。

如果各个字母对应的序号存在下面的数量关系，请问每个字母分别表示什么数字？

$$A \times A = C \qquad C \times C = F$$
$$B \times B = D \qquad D \times D = G$$
$$C + D = E \qquad F + G = H$$
$$H - E = J \qquad G + J = I$$

第一步

先列出数字平方的计算结果 **不超过 100** 的 **整数** 。

$1^2=1$ $\quad$ $2^2=4$ $\quad$ $3^2=9$ $\quad$ $4^2=16$ $\quad$ $5^2=25$

$6^2=36$ $\quad$ $7^2=49$ $\quad$ $8^2=64$ $\quad$ $9^2=81$ $\quad$ $10^2=100$

第二步

F

通过确定 **F** 的值，再确定其他字母的值。

根据 $A^2=C$，$C^2=F$，$B^2=D$，$D^2=G$，

F 和 G 只能为 16 或 81。

当 F 为 16 时，C 为 4，A 为 2；

G 为 81，D 为 9，B 为 3。

E=4+9=13 $\qquad$ H=16+81=97

J=97−13=84 $\quad$ I=81+84=165>100

不符合条件，F 不可能为 16。

当 F 为 81 时，C 为 9，A 为 3；

G 为 16，D 为 4，B 为 2。

E=9+4=13 $\qquad$ H=81+16=97

J=97−13=84 $\quad$ I=16+84=100

F 为 81 符合条件。

答案：A=3，B=2，C=9，D=4，E=13，

$\qquad$ F=81，G=16，H=97，I=100，J=84。

森林博物馆刚刚装修完成，小猪、小狗与同伴们兴奋地来参观。小猪看到博物馆大厅中央的天花板上装有一个旋转的球形投影灯。灯光投影在地板上形成彩色投影图片，小猪发现投影的图片会按照一定的规律变化，它连忙拿出照相机拍下了三张连续变换的图片，那你知道第 4 张图片应该是怎样的吗？

图 1

图 2

图 3

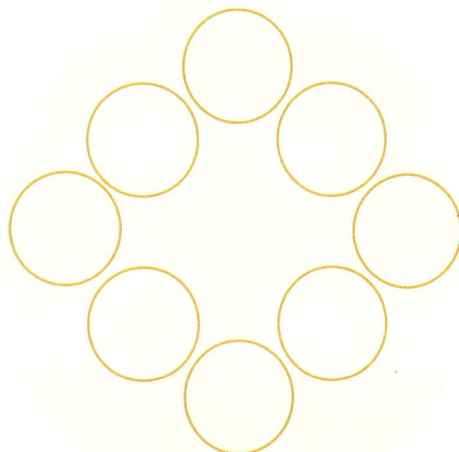

图 4

21 解析

观察前面三张图片，找出规律。

图 1

图 2

图 3

通过观察我们发现，每条边上的元素按逆时针方向，每次移动两个位置。

那么第 4 张图片应该为：

22 猜纸盒

空间图形

过滤 渐进

解题思维方法

　　小峰和哥哥每天都会喝牛奶，每过一段时间家里就会累积不少正方体的牛奶盒。这天他们在整理家务的时候，哥哥提议可以用这些纸盒玩一个游戏：他们可以各自用这些相同的正方体牛奶盒子搭建一个模型，让对方去猜一共用了多少个纸盒。游戏规定搭成的模型纸盒个数只能控制在 3×3×3 的大小之内，且每个人只能从两个方向去看对方的模型，谁先回答正确算谁赢。

　　哥哥很快就搭好了一个模型，准备让小峰猜一共用了多少个纸盒。小峰从两个方向看到的纸盒堆积起来的样子如下图所示，你能快速地告诉小峰哥哥一共用了多少个纸盒吗？

从前面看

图1

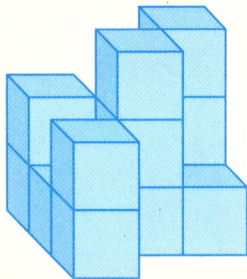

从后面看

图2

43

22 解析

把图 1 中看不到的纸盒用红色表示，图 2 中看不到的纸盒用绿色表示。

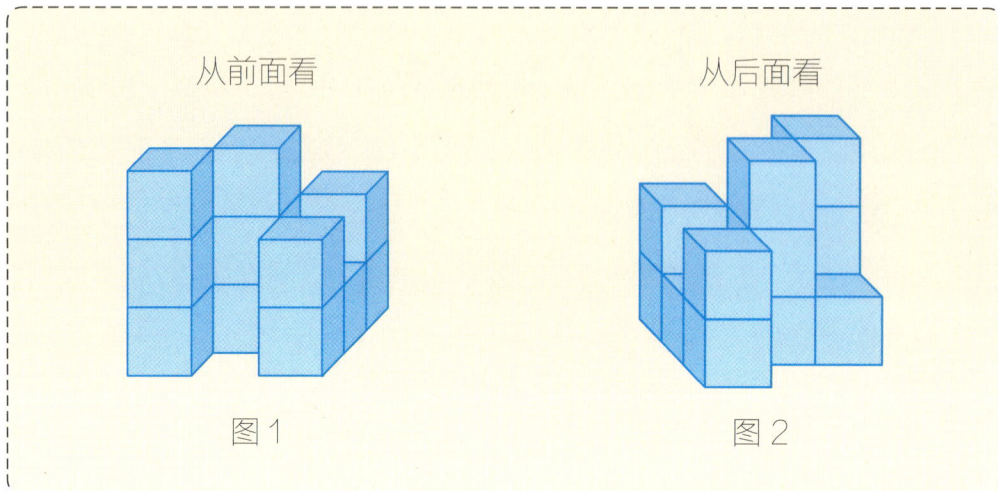

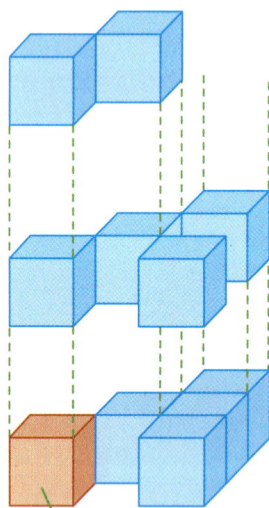

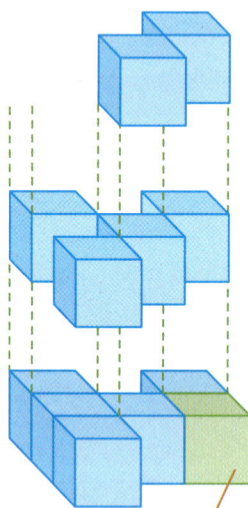

从前面看　　　　　　　　从后面看

图 1　　　　　　　　　　图 2

2 块

4 块

6 块

图 2 中看不到的纸盒

图 1 中看不到的纸盒

$$2+4+6=12（个）$$

答案：哥哥一共用了 12 个纸盒。

23 原来有几本书

几位同学在帮着老师整理书本。在整理前，每个人都分得了若干本书，他们需要将这些书分类摆放。整理过程中，老师传给小强 8 本书，传给悦悦 4 本书；小强传给悦悦 6 本书，悦悦传给小林 9 本书，小林又传给老师 3 本书。此时老师有 6 本书，小强有 4 本书，悦悦有 4 本书，小林有 10 本书。

请问四人在传书之前各有多少本书？

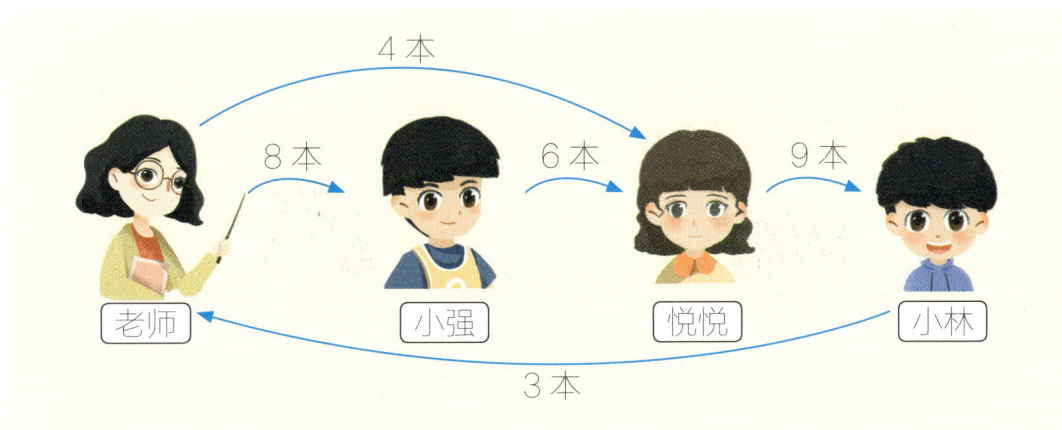

23 解析

假定老师最初有 A 本书。

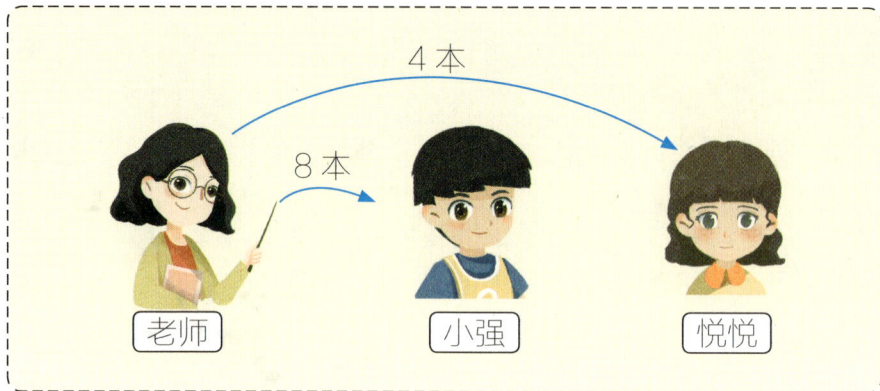

老师给了小强 8 本,给了悦悦 4 本后,还剩下 A−8−4=A−12(本)书。

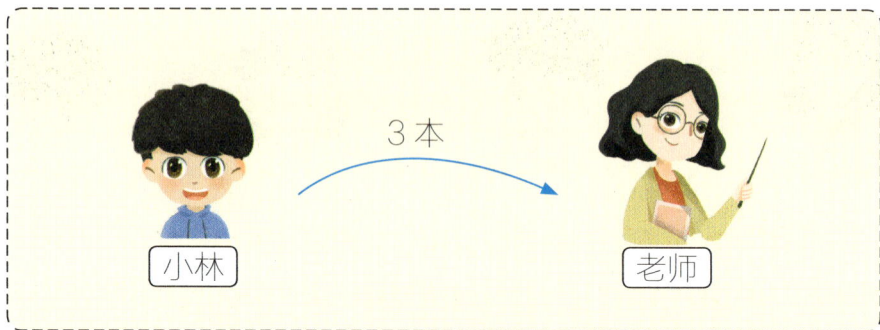

小林又给了老师 3 本书后,老师最后还剩下 A−12+3=A−9=6(本),

所以 A=9+6=15,老师原来有 15 本书。

同理,假定小强、悦悦、小林原来分别有 B、C、D 本书。

B+8−6=B+2=4,B=2,所以小强原来有 2 本书。

C+6+4−9=C+1=4,C=3,所以悦悦原来有 3 本书。

D+9−3=D+6=10,D=4,所以小林原来有 4 本书。

答案:老师、小强、悦悦和小林原来分别有 15 本、2 本、3 本和 4 本书。

24 广告牌的位置

应用创新

试探

解题思维方法

如图所示，一地铁站的正东方向有一家银行，正北方向有一座电影院，正西方向有一个超市，正南方向有一个图书馆。一产品商家为了宣传促销，计划在 ①②③④ 处放置不同设计风格和内容的 A、B、C、D 四面广告牌。广告牌位置的放置要求：电影院与 D 相邻、与 B 不相邻，银行与 A 相邻、与 C 不相邻，图书馆与 C 相邻。

你能根据商家的要求安排好 A、B、C、D 四面广告牌的位置吗？

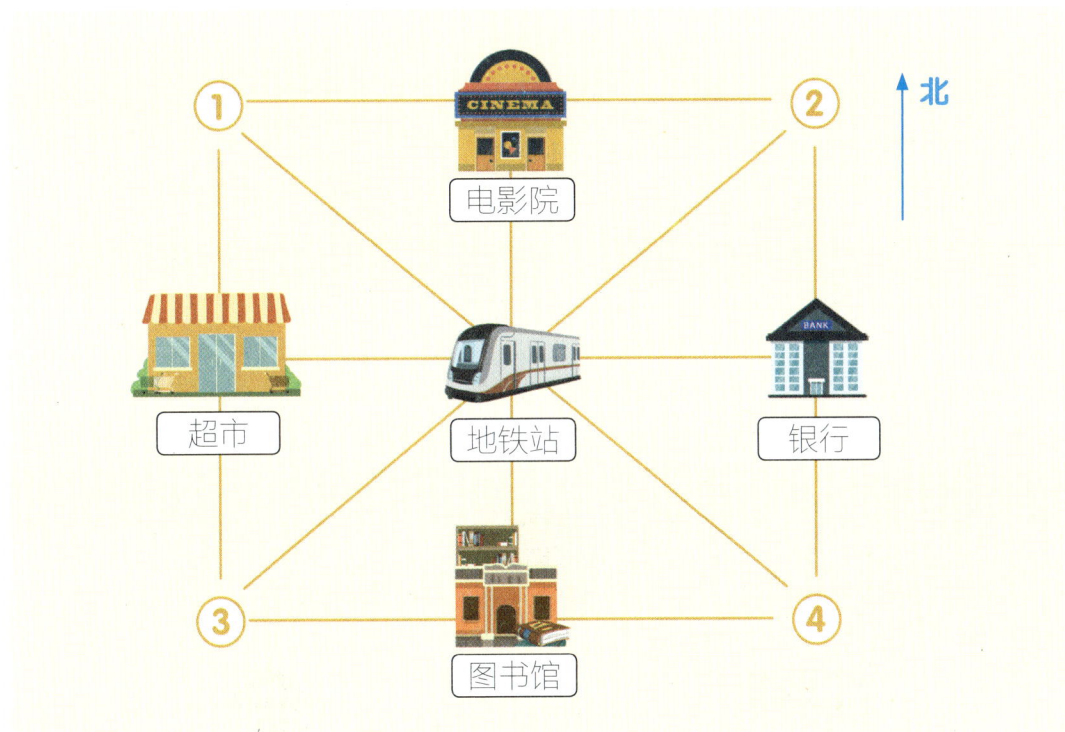

"银行与 A 相邻、与 C 不相邻"，说明 ②④ 处不可能是 C；"图书馆与 C 相邻"，说明 ③ 处是 C。

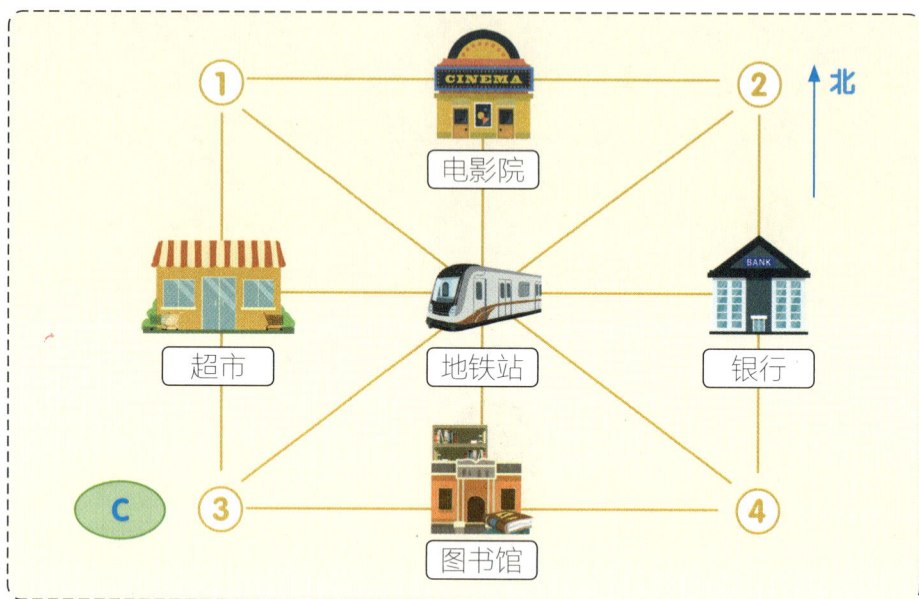

A 可能在 ② 处，也可能在 ④ 处。

若 A 在 ④ 处，则 B 必在 ① 或 ② 处，与"电影院与 A 相邻、与 B 不相邻"相矛盾。所以 A 只能在 ② 处，B 只能在 ④ 处，① 处为 D。

25 开箱密码

判断理解

过滤

解题思维方法

　　小曹的爸爸喜欢收藏具有纪念意义的东西，像早年的纪念邮票、老版人民币、儿时制作的昆虫标本等。小曹给爸爸买了一个密码箱来存放他的收藏品，他将密码箱上1～25的数字键稍加打乱后替爸爸重新设计了一串开箱密码（每个数字只输一次），密码中的数字按照从小到大的顺序排列，且每个数字是只能被1或它本身整除的奇数。

　　你能根据密码箱上数字键的排列情况写出开箱密码吗？这串密码组成了怎样的图形？

邮票

昆虫标本

1	2	4	6	13
8	3	9	17	10
12	14	5	15	16
18	19	22	7	21
23	24	25	20	11

密码箱的开箱数字键

解题密钥

1

密码中的每个数字是只能被 1 或它本身整除的 奇数 ，也就是 1～25 中除 2 以外的质数。

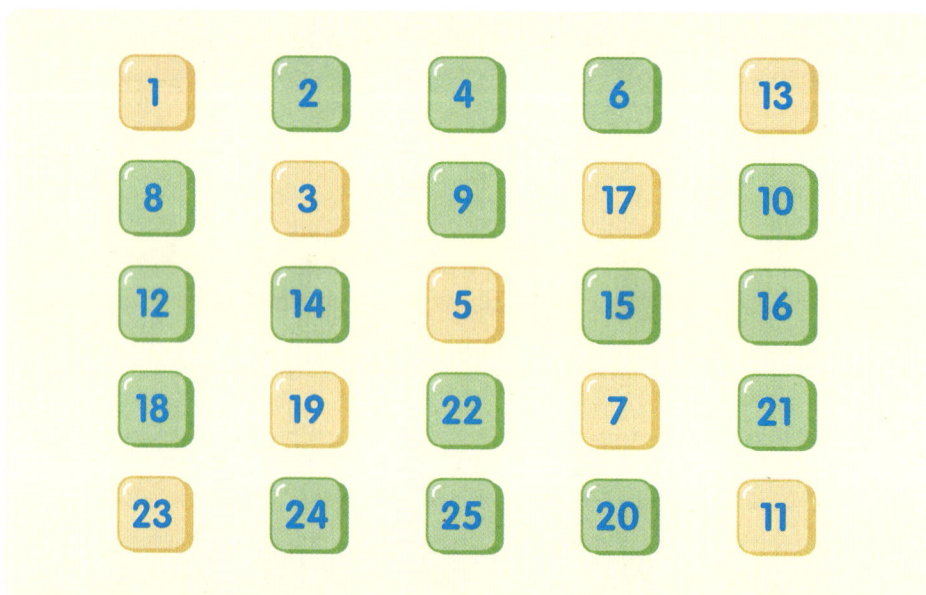

1	2	4	6	13
8	3	9	17	10
12	14	5	15	16
18	19	22	7	21
23	24	25	20	11

所有符合条件的数字如图中橙色部分所示，组成的是一个字母 "X" 的形状。因为数字密码按照从小到大的顺序排列，所以密码是 1、3、5、7、11、13、17、19、23。

26 正方形剪纸

小岩把一张左上角标记了数字"8"的正方形纸片折叠了两次,如图1所示。

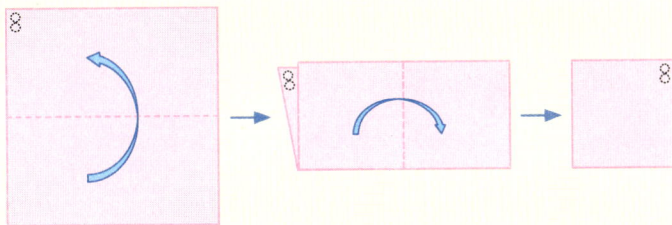

图1

再把折叠后的纸沿着虚线剪开,如图2所示。

图2

请问将这张纸剪完后,会分成几部分?

26 解析

解题密钥

我们按照剪纸的步骤 **往回复原** 最开始的正方形。

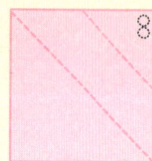

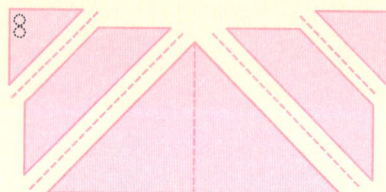

我们可以看到折纸被剪开后，分成了 9 部分。

答案：将这张纸剪完后，会分成 9 部分。

27 智力测试

抽象概括

创造

解题思维方法

　　时光小学举办了一场智力测试，测试中的一道图形题难住了小安同学，他思考了很久也没有写出答案。你能根据题中的图形规律帮小安画出最后一个图形吗？

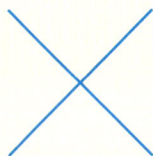

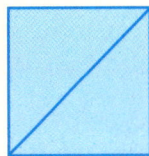

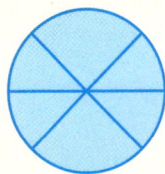

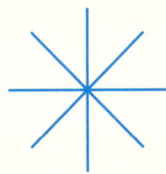

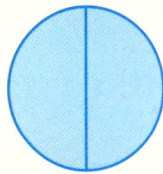

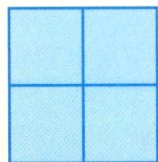

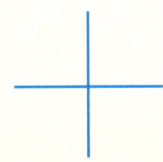

27 解析

观察前面两行图形总结出变化规律。

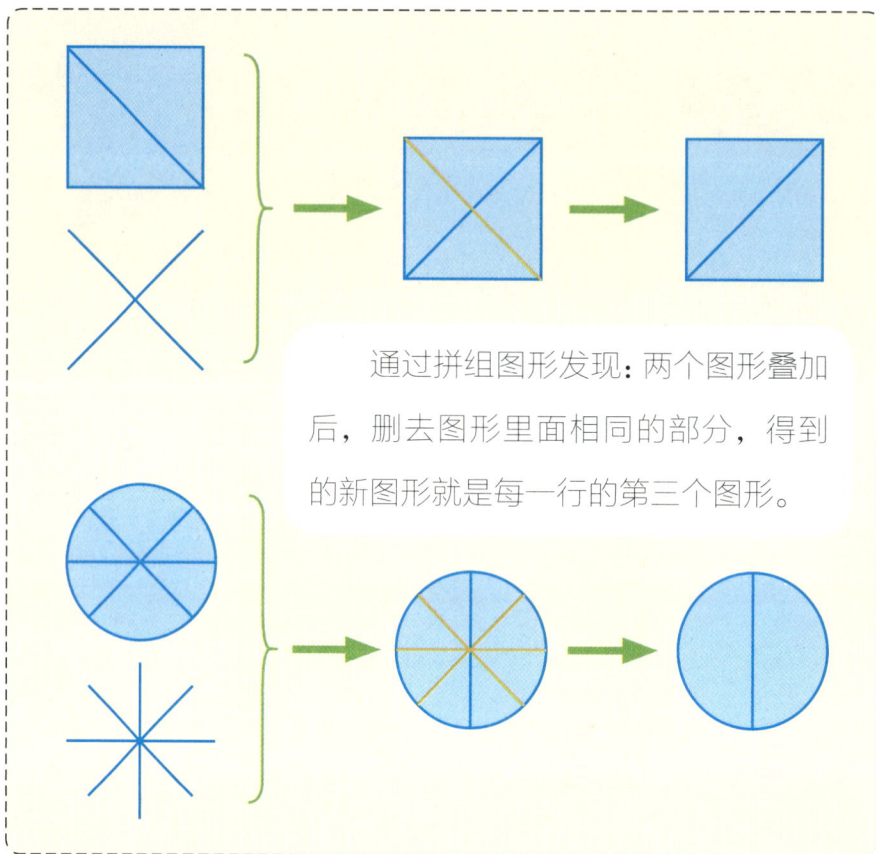

通过拼组图形发现：两个图形叠加后，删去图形里面相同的部分，得到的新图形就是每一行的第三个图形。

同理，可得出

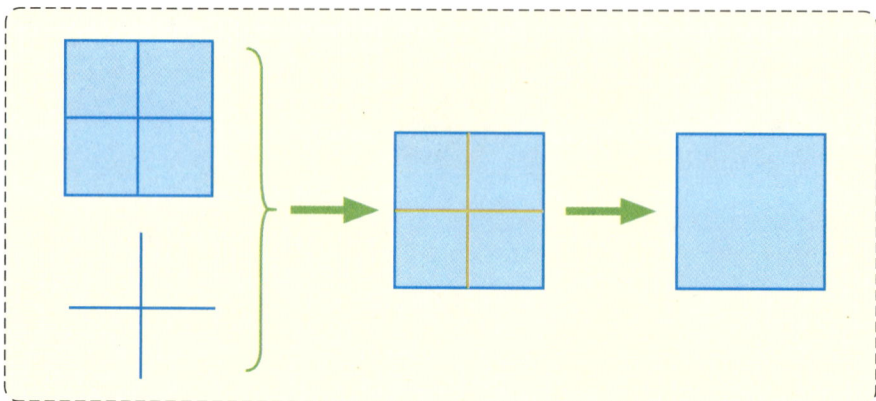

28 打仗前的动员讲话

应用创新 ● 渐进

解题思维方法

刘备、赵云、诸葛亮、关羽和张飞每次打仗前都会进行动员讲话，他们每个人的讲话都充满激情，参战士兵们听得斗志昂扬，经常打胜仗。这次蜀国又准备出兵迎战了，他们按照之前定好的时间规律在相应的时间点进行讲话。你能根据刘备、诸葛亮、关羽、赵云的讲话时间，把张飞头像下面的钟表补充完整吗？

 刘备

 诸葛亮

 关羽

 赵云

 张飞

28 解析

先写出 4 个时钟的时间，然后找出规律。

| 8:35 | 9:30 | 10:30 | 11:35 |

相邻两个钟表表示的时间之差分别为：

9 时 30 分 −8 时 35 分 =55 分钟

10 时 30 分 −9 时 30 分 =1 小时

11 时 35 分 −10 时 30 分 =1 小时 5 分钟

可推导出张飞开始演讲的时间与赵云演讲的时间相差 1 小时 10 分钟。

11 时 35 分 +1 时 10 分 =12 时 45 分

所以张飞演讲的时间是 12：45。

29 马拉松赛前会议

一年一度的校园马拉松比赛就要开始了，校长邀请了 12 名老师组成马拉松比赛筹备小组。小组成立后，校长准备召集组内成员召开第一次赛事筹备会议。会议上，校长被安排坐在桌首，会议桌的两个长边均坐 5 位老师，剩下 2 名老师坐在桌尾，其中老师 1 的位置已经确定。（12 位老师分别用数字 1～12 表示）

若会议安排老师 1、3、5、9、11 坐在同一边，老师 2、6、8、10、12 也坐在同一边。1 和 12 均靠近校长坐，3 和 6 坐在离校长最远的两边位置。11 与 5、9 相邻，2 与 8、10 相邻，5 与 8 相对而坐。

（1）请问老师 10 对面坐的是谁？

（2）如果老师 7 坐在靠近老师 6 的那一边，请画出所有人的座位安排情况。

（1）根据"校长坐桌首位置，1和12均靠近校长坐，3和6坐在离校长最远的两边位置"，可得如下座位图。

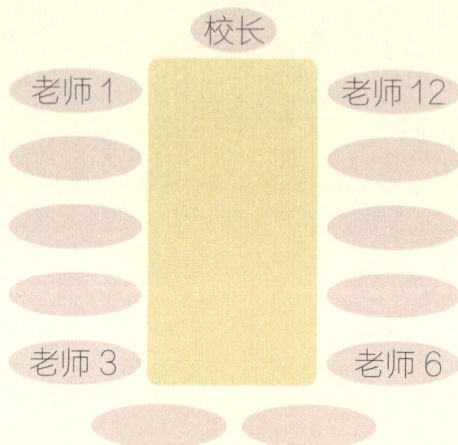

	校长	
老师1		老师12
老师3		老师6

根据"11与5、9相邻，2与8、10相邻，5与8相对而坐。"可知11与2相对而坐，则9与10相对而坐，所以老师10的对面是老师9。

（2）根据"老师7坐在靠近老师6的那一边"，可知所有人的座位如下图所示。

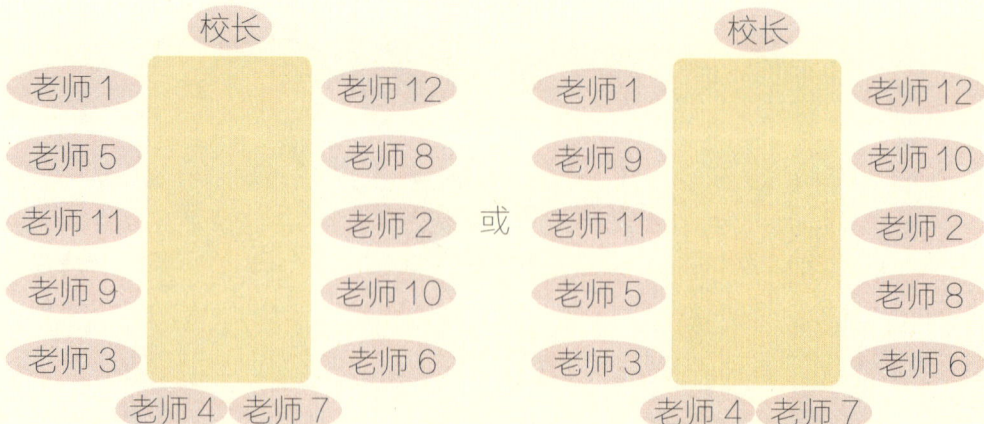

	校长				校长	
老师1		老师12		老师1		老师12
老师5		老师8		老师9		老师10
老师11		老师2	或	老师11		老师2
老师9		老师10		老师5		老师8
老师3		老师6		老师3		老师6
	老师4 老师7				老师4 老师7	

30 木匠师傅的手艺

时光村有一位手艺高超的木匠师傅。有一天木匠突发奇想，他计划用现有的废弃木料做一套积木玩具送给村里的孩子们玩。木匠先把所有的木料加工成一个个大小相同的小正方体，再通过技术加工把这些正方体组合起来，做成含有 10 个大小不一的正方体模型玩具的套装。

木匠打算用最原始的一个小正方体作为玩具套装中的第 1 个正方体模型；第 2 个正方体模型，木匠计划每个面装有 4 个小正方体；第 3 个正方体模型，计划每个面装 9 个小正方体；第 4 个正方体模型，计划每个面装 16 个小正方体……

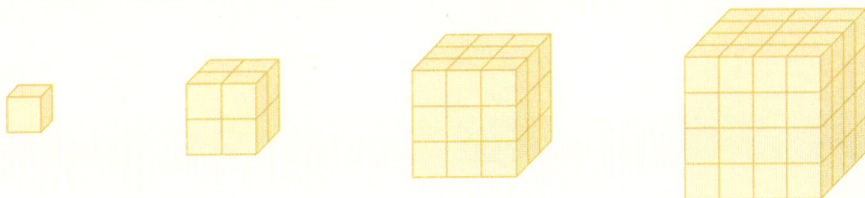

按照木匠师傅的计划，你知道第 5 个正方体模型的每个面上有多少个小正方体吗？第 10 个正方体模型呢？

59

30 解析

第一步

　　我们先根据题中信息把玩具套装中每个正方体模型的情况梳理一下，将模型每个面上 小正方体 的 数量 整理出来，查找规律。

模型序号	第1个	第2个	第3个	第4个	第5个	⋯	第10个
每个面上小正方体的个数	1（1×1）	4（2×2）	9（3×3）	16（4×4）	?	⋯	?

第二步

　　通过 上表的规律 可知，第5个正方体模型的每个面上有5×5=25（个）小正方体，第10个正方体模型的每个面上有10×10=100（个）小正方体。

时光学

扫码了解
更多相关
知识内容

30天
"全脑开发
逻辑思维训练

提高篇

时光学编辑室 编

学校：＿＿＿＿＿＿＿

班级：＿＿＿＿＿＿＿

姓名：＿＿＿＿＿＿＿

百花洲文艺出版社
BAIHUAZHOU LITERATURE AND ART PRESS

图书在版编目（CIP）数据

30 天全脑开发：逻辑思维训练/时光学编辑室编
. -- 南昌：百花洲文艺出版社，2022.1
ISBN 978-7-5500-4623-8

Ⅰ.①3… Ⅱ.①时… Ⅲ.①逻辑思维 - 少儿读物
Ⅳ.① B804.1-49

中国版本图书馆 CIP 数据核字（2021）第 274497 号

30 天全脑开发：逻辑思维训练
30TIAN QUANNAO KAIFA LUOJI SIWEI XUNLIAN

时光学编辑室 编

出 版 人	章华荣
策 划	邹 英
责任编辑	周 晓　杨柳牧菁
封面设计	顾亚荣　邓芊芊
版式设计	游桤渲
制 作	吴和权　易龙婷　曾 玲
出版发行	百花洲文艺出版社
社 址	南昌市红谷滩区世贸路 898 号博能中心一期 A 座 20 楼
邮 编	330038
经 销	全国新华书店
印 刷	江西省和平印务有限公司
开 本	787mm×1092mm　1/16　印张　16
版 次	2022 年 1 月第 1 版
印 次	2022 年 1 月第 1 次印刷
字 数	15 千字
书 号	ISBN 978-7-5500-4623-8
定 价	99.80 元

赣版权登字　05-2022-6
版权所有，侵权必究
邮购联系　0791-86895109
网 址　http://www.bhzwy.com
图书若有印装错误，影响阅读，可向承印厂联系调换。

《30天全脑开发 逻辑思维训练》

—— 六大领域五大方法让思维活起来

六大领域

- **空间图形** 以空间立体结构或平面图形为载体的问题。
- **数据处理** 主要以通过数据的计算、推演解答的问题。
- **判断理解** 不需要很复杂的推理或计算过程，只要理解了某个概念或者要求就可通过判断解决的问题。
- **逻辑推理** 需要根据所给条件进行缜密推理解决的问题。
- **应用创新** 把某些新颖的创意应用在实际问题中的情况。
- **抽象概括** 需要从已知条件中总结提炼出某种规律，把抽象问题具体化解决的情况。

五大方法

过滤 过滤法：对问题中所有信息进行充分的分析整理后进行解答的方法。

试探 试探法：把能够想到的所有解决问题的可能性进行逐一验证的方法。

逆向 逆向法：从问题的结果出发反向推导从而判断验证答案的思维方法。

创造 创造法：通过改变看待问题的角度来发现解决问题的新思路的方法。

渐进 渐进法：根据已知的条件逐步推导出答案的递推式解决问题的方法。

contents 目录

01 电脑密码

判断理解

创造

解题思维方法

周末的早上，晶晶写完作业后想用爸爸的电脑看会儿动画片，爸爸对她说："我的电脑设置了 6 位数的数字密码，密码就藏在书房里，如果你能打开电脑，那么你就可以看动画片。"聪明的晶晶观察了一会儿书房，把目光锁定在了挂在墙上的时钟上，不一会儿就打开了电脑。

你知道晶晶爸爸的电脑密码是多少吗？

01 解析

已知密码是由 6 位数字组成的，且与时钟有关，所以我们可以通过观察时钟上的时间来解题。

时钟上的时间显示为 10:09:30 或 22:09:30（因为是早上，所以排除）。

答案：晶晶爸爸的电脑密码是 100930。

02 悟空考八戒

抽象概括

渐进　过滤

解题思维方法

风和日丽的一天，唐僧、孙悟空、猪八戒、沙悟净师徒四人途经海边，在沙滩上歇脚。孙悟空在沙滩上捡了一些贝壳、海螺和漂亮的鹅卵石摆出了 3 个有趣的图形，他让猪八戒找一找规律，猜一猜他下一个摆的图形是什么，猜对了就奖励猪八戒一块饼干。

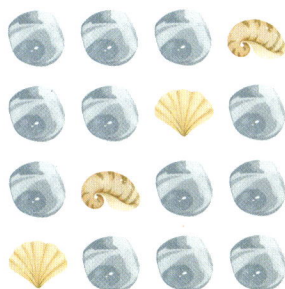

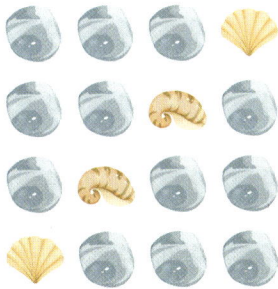

①　　　　　　　　②　　　　　　　　③

同学们，你们知道孙悟空下一个图形会怎样摆吗？

02 解析

第一步

通过观察可以发现：

框出的贝壳是按顺时针摆放在角上，所以在第 4 个图形中，贝壳应该摆在左下角，由此可排除选项②。

第二步

框出的海螺是按逆时针摆放在角上，所以在第 4 个图形中，海螺应该摆在右上角，由此确定第 4 个图形是选项①。

答案：①。

03 南瓜灯

再过几天就是万圣节了，爸爸给卢卡做了一个非常漂亮的小南瓜灯，里面可以放卢卡喜欢的彩灯和糖果。卢卡想把一块完整的圆形巧克力放进南瓜灯里，准备在万圣节晚上和小伙伴们分享。

但是南瓜灯上方的开口小了一点，一整块巧克力放不进去，卢卡并不想掰碎巧克力。正当他苦恼之际，爸爸拿出尺子量了量巧克力的直径，便对卢卡说："这块巧克力的直径是 18 cm，我把小南瓜灯的开口再切一切、磨一磨，就可以啦！"爸爸忙活一阵后，卢卡惊喜地发现，巧克力刚好能装进小南瓜灯里。

你知道小南瓜灯上方最后的开口面积有多大吗？

03 解析

第一步

巧克力刚好能装进小南瓜灯里，所以小南瓜灯的开口面积就是圆形巧克力的面积：

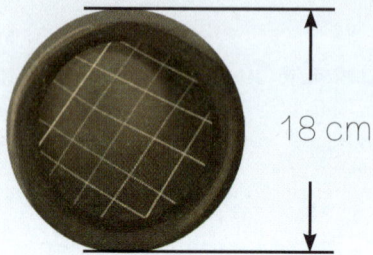

18 cm

第二步

的半径： $18 \div 2 = 9$（cm）

上方的开口面积（ 的面积）：

$$3.14 \times 9 \times 9 = 254.34（cm^2）$$

答案：小南瓜灯上方最后的开口面积为 254.34 cm²。

04 有趣的字母图形

抽象概括

试探 创造

| 解题思维方法 |

　　洋洋妈妈陪着洋洋预习功课时，发现洋洋明天要学习 26 个英文字母，妈妈为了让洋洋对学习字母产生兴趣，和他玩了一个小游戏：妈妈画了几个由字母拼成的图形，每个图形都代表一个数字，然后让洋洋写出最后一个图形代表的数字。

图形	数字
ßß	4
王	10
§§	57
✳	88
YY	?

你知道最后一个图形代表什么数字吗？

04 解析

列出 26 个英文字母和它们的顺序数:

A	B	C	D	E	F	G	……
1	2	3	4	5	6	7	……
S	T	U	V	W	X	Y	Z
19	20	21	22	23	24	25	26

第一步

通过尝试找到字母所对应数字与顺序数之间的联系:

BB ⟶ 2 个 B=4=2×2

EE ⟶ 2 个 E=10=5×2

SSS ⟶ 3 个 S=57=19×3

✳ ⟶ 4 个 V=88=22×4

第二步

每个图形对应的数字 = 相应的字母在 26 个字母表中的顺序数 × 数字的个数,所以:

YY ⟶ 2 个 Y=25×2=50

答案:最后一个图形代表 50。

05 芭蕾舞鞋

渐进

解题思维方法

城堡里住着一位非常喜欢跳芭蕾舞的公主，她收藏了很多珍贵的芭蕾舞鞋，图中她拿出来准备擦拭的舞鞋数量只是她所有舞鞋的 $\frac{1}{12}$。公主新买了两个柜子，一个大柜子，共有 6 格，每格可以摆放 5 双舞鞋；一个小柜子，共有 4 格，每格可以摆放 4 双舞鞋。

这两个柜子能摆放完公主的所有芭蕾舞鞋吗？

05 解析

线 索 先数一数图中一共有多少双舞鞋：

第一步

公主拿出来的舞鞋是她所有舞鞋的 $\frac{1}{12}$，那么她的舞鞋总数为：

| 4 双 | 4 双 | 4 双 | …… | 4 双 |

一共有 12 个 4 双

公主的舞鞋一共有：12×4＝48（双）

第二步

大柜子可以装下 6×5＝30（双）舞鞋，

小柜子可以装下 4×4＝16（双）舞鞋，

两个柜子一共可以装下 30＋16＝46（双）舞鞋，而公主一共

有 48 双舞鞋，显然这两个柜子是装不下的。

答案：这两个柜子不能摆放完公主的所有芭蕾舞鞋。

06 伟大的理想

数据处理

试探　创造

解题思维方法

　　学校以"我想成为一个什么样的人"为主题举办了一次校园作文大赛，陈易同学的《我想成为阿基米德》获得了一等奖。他在文中写道：我喜欢数学，我想成为阿基米德那样伟大的数学家。老师表扬了陈易的理想，还给他出了一道题，陈易不负所望，顺利地解开了试题。

　　下面是老师给陈易出的试题，你知道图中"？"处的数字是几吗？

12	5	14	9	22
23	11	8	35	7
0	28	54	65	17
16	20	?	57	23
35	19	1	55	0

06 解析

第一步

?

先把图中的每一行数据编号，再寻找规律：

① ② ③ ④ ⑤

12	5	14	9	22
23	11	8	35	7
0	28	54	65	17
16	20	?	57	23
35	19	1	55	0

第二步

通过观察和尝试，发现每一行中前 3 个数相加，再减去第 4 个数，差等于第 5 个数：① + ② + ③ - ④ = ⑤。

第 1 行：$12+5+14-9=22$

第 2 行：$23+11+8-35=7$

第 3 行：$0+28+54-65=17$

第 5 行：$35+19+1-55=0$

所以第 4 行：$16+20+?-57=23$，$?=23+57-16-20=44$。

答案："?"处的数字是 44。

07 小蜜蜂采花蜜

春天来啦，百花盛开，又到了小蜜蜂们开始忙碌地采花蜜时间。为了防止同一朵花在短时间内被采集太多次，小蜜蜂们决定小红花每次采集 2 分钟，每隔 3 分钟采集一次；小黄花每次采集 3 分钟，每隔 4 分钟采集一次；小白花每次采集 4 分钟，每隔 5 分钟采集一次。

小蜜蜂们采花蜜一共花了 1 小时 3 分钟，请问小黄花被采集了多长时间？

07 解析

规　律

小黄花每次被采集 3 分钟，每隔 4 分钟被采集一次；

下一次又是被采集 3 分钟，每隔 4 分钟被采集一次……

第一步

我们先用表格表示出小黄花被采集的情况：

第 1 分钟	第 2 分钟	第 3 分钟	第 4 分钟
🌻🐝	🌻🐝	🌻🐝	🌼
第 5 分钟	第 6 分钟	第 7 分钟	……
🌼	🌼	🌼	……

1 小时 3 分钟 =63 分钟

63÷7=9（组）

→ 一共有 9 组 7 分钟。

第二步

　　由表可知，小黄花每 7 分钟内被采集 3 分钟，所以一共被采集了 9×3=27（分钟）。

答案：小黄花被采集了 27 分钟。

08 神奇的鸡蛋

养鸡场的饲养员每天都会不定时地巡视母鸡下蛋的情况，并把鸡蛋收集起来。这天早上6点，饲养员往装鸡蛋的篮子里放入了第一个鸡蛋，假定篮子里的鸡蛋数目每半小时增加1倍，这样3小时后，篮子就装满了。

那么，请问是在什么时候装好了半篮子鸡蛋的？

08 解析

第一步

半小时后鸡蛋的数量是原来的 2 倍。

1 个　　　　　2 个　　　　　4 个

　2 倍　　　　　2 倍　　　　　2 倍　……

开始　　　　半小时后　　　　1 小时后

第二步

鸡蛋装满一篮的时间是 6+3=9（点），那么在 9 点的前半个小时鸡蛋的数量为：

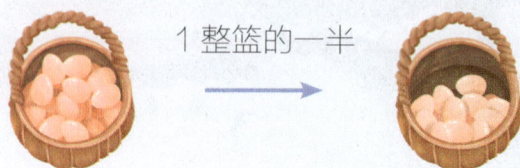

1 整篮的一半

根据以上分析可知，鸡蛋增加到半篮子时，是 9 点的前半个小时，也就是 8 点 30 分。

答案：是在 8 点 30 分的时候装好半篮子鸡蛋的。

09 乡村老鼠回家路

判断理解

试探

解题思维方法

住不惯城市的乡村老鼠想回到自己乡下的家，因为前一天刮风下雨，回家的路上有些地方积了水，有些地方出现了路坑，还有的路口被吹倒的树挡住。

乡村老鼠如何避开这些地方安全回到乡下的家呢？（行走路线不能重复且不能走回头路）

乡村老鼠想要回家就得避开积水、路坑和倒下的树，排除了这些地方，就有了如下的回家路线：

10 文字游戏

抽象概括

创造

解题思维方法

从所给的四个选项中，选择最合适的一个字填入问号处，使这三组文字呈现一定的规律。

边	动	运
麻	森	床
困	材	？

A. 林　　　B. 呆　　　C. 团　　　D. 杏

19

第一组:

```
      辶        云
     /    ↓     \
    边    运     动
    |           |
    力          力
```

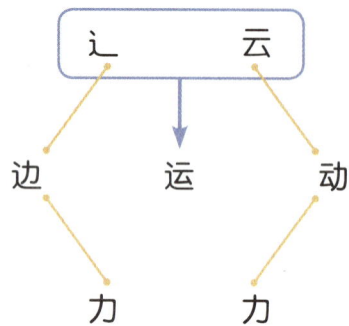

（消去共同字"力"）

第二组:

```
      广        木
     /    ↓     \
    麻    床     森
    |           |
    林          林
```

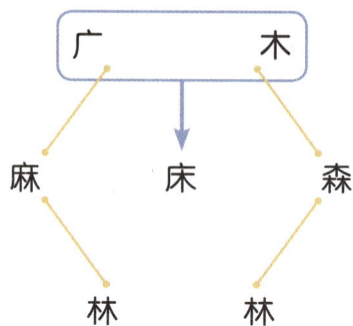

（消去共同字"林"）

通过分析前两组的字发现:删去前 2 个字中共同的字,再重新组成的新字为第 3 个字。

第三组:

```
      口        才
     /    ↓     \
    困    团     材
    |           |
    木          木
```

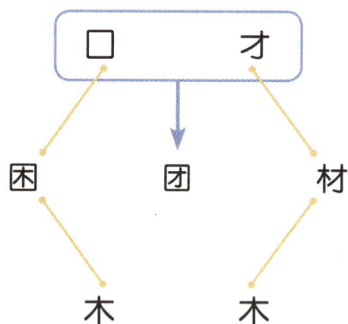

（消去共同字"木"）

答案: C。

11 小时的暑假时光

抽象概括 · 过滤

解题思维方法

暑假期间，小时每天写作业时都会要求妈妈给她拍一张照片，来记录她的暑假学习时光。开学前期，小时在整理照片时发现，类似的照片摆放在一起会形成一种特别的视觉风格。她把 16 张照片分成四组，按照一定的规律摆放到相册中，你知道"？"处的照片是什么样的吗？

通过观察发现：前三排的照片中都有 、、、 这四种元素，每排的每一张照片都缺少了其中一个元素。

先把每一张图缺少的元素找出来：

最后一张照片应该缺 。

答案："？"处的照片应该是 。

12 守纪律的动物们

逻辑推理

渐进　试探

解题思维方法

端午节到了，森林里的动物们准备去森林国王家排队领取粽子。在国王家门口，🐴、🐱、🐻、🐕、🦆、🐿️刚好排一队。你能根据它们的对话推断出它们分别排第几吗？

我和最后一只小动物之间还有 2 只小动物。

我不是最后一只。

我前面至少还有 4 只小动物，但我没有排在最后。

我前后至少都有 2 只小动物。

我没有排在最前面，也没有排在最后。

12 解析

第一步

　　说话的小动物都没有排在最后，那排在最后的就是🐿️，然后根据🐴的话可知：

① 　　② 　　③🐴 　　┌─2只─┐④ 　　⑤ 　　⑥🐿️

第二步

根据🐻的话可推出：

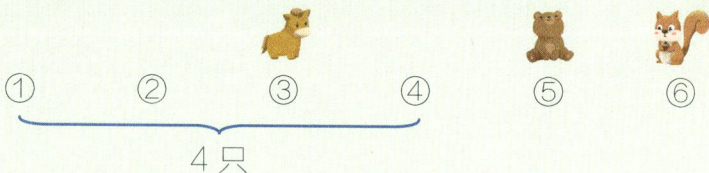

① 　　② 　　③🐴 　　④ 　　⑤🐻 　　⑥🐿️

└──────4只──────┘

第三步

　　要使🐕说的话成立，符合的位置只有③或④，已知③是🐴，所以🐕排第四。

① 　　② 　　③🐴 　　④🐕 　　⑤🐻 　　⑥🐿️

第四步

　　现在剩下的位置有①、②，🦆不排在第一位，所以它排在第二位；因此🐱只能排在第一位。

①🐱 　　②🦆 　　③🐴 　　④🐕 　　⑤🐻 　　⑥🐿️

答案：🐱排第一，🦆排第二，🐴排第三，🐕排第四，🐻排第五，🐿️排第六。

13 公主与骑士

数据处理 · 渐进

解题思维方法

在古代欧洲的一个国家，有一位非常漂亮的公主正在考虑自己的婚姻大事，她想挑选一位聪明的青年做她的丈夫。国王知道后，自然高兴万分，当即找来许多大臣，准备了一个考验的题目。

公主有几种非常喜欢的食物，一年内公主食用这几种食物的重量关系如下：

🥭 + 🦐 = **60 kg**

🦐 + 🍰 = **68 kg**

🥭 + 🍰 = **58 kg**

请问上面这几种食物，公主一年内各要吃多少千克？

一位博学的骑士很快就解出了答案，你知道骑士的答案是什么吗？

13 解析

我们先把公主喜欢吃的食物的重量关系用线段图表示出来：

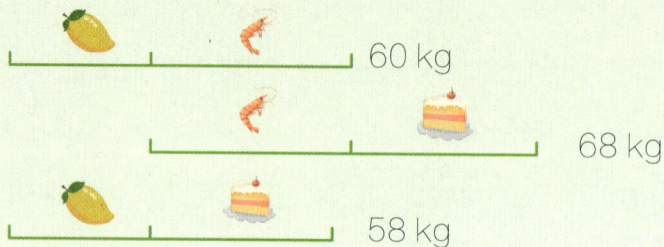

从线段图可以看出：

虾比蛋糕多

$60-58=2$（kg）

根据

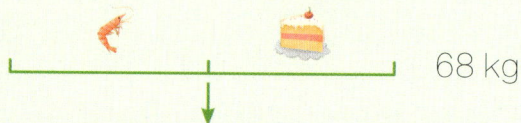

68 kg

🍰 = 🦐 − 2 kg → 🦐 − 2 kg + 🦐 = 68 kg → 🦐 = 35 kg

从而得出： 🥭 =60−35=25（kg） 🍰 =68−35=33（kg）

答案：公主一年要吃 25 kg 🥭，35 kg 🦐，33 kg 🍰。

14 分月饼

梦梦从家里带了 2 盒月饼准备和小冬、木木、花花、小书、琪琪一起分享。一盒是肉松月饼，一盒是豆沙月饼，每盒 3 块，一共 6 块，刚好可以每人分一块。

花花：我和小书拿到的是肉松月饼。

小冬：我讨厌肉松的，还好没拿到。

梦梦：我给自己留了一个豆沙的，琪琪和我拿到的不一样。

木木和哪两个人拿到的月饼是一样的？你能通过上面的信息推理出来吗？

第一步

我和小书拿到的是肉松月饼。

花花

花花和小书拿到的都是肉松月饼，先整理进表格中。

肉松	花花	小书	？
豆沙	？	？	？

第二步

我讨厌肉松的，还好没拿到。

小冬

小冬讨厌肉松的，所以他拿到的是豆沙月饼。

肉松	花花	小书	？
豆沙	小冬	？	？

第三步

我给自己留了一个豆沙的，琪琪和我拿到的不一样。

梦梦

琪琪和梦梦的不一样，那么琪琪拿到的是肉松月饼，剩下的一个豆沙月饼就是木木拿到了。

肉松	花花	小书	琪琪
豆沙	小冬	梦梦	木木

答案：木木和小冬、梦梦拿到的月饼是一样的。

15 清点货物

　　时光小卖部的储存室里堆着牛奶和可乐共 12 箱，清点货物的工作人员在这堆货物旁看到上次清点人员留下的半张记录纸，只能从上面的记录中知道这堆货物的总质量是 42 kg，牛奶一箱是 3 kg，可乐一箱是 4.2 kg，工作人员在不搬运这些货物的情况下能知道这些牛奶和可乐分别有多少箱吗？

15 解析

通过观察发现：

看得到的 MILK 有 5 箱，

总质量为 3×5＝15（kg）。

看得到的 可乐 有 5 箱，

总质量为 4.2×5＝21（kg）。

还有 2 箱看不见，这 2 箱货物的总质量为 42－15－21＝6（kg）。

假设 1 箱为牛奶，1 箱为可乐：3＋4.2＝7.2（kg）——➤ ×

假设 2 箱都是可乐：4.2＋4.2＝8.4（kg）——➤ ×

假设 2 箱都是牛奶：3＋3＝6（kg）——➤ √

所以这些货物中有 7 箱是牛奶，5 箱是可乐。

答案：7 箱牛奶，5 箱可乐。

16 看电影

有 A、B、C、D、E 五个人一起去看电影，他们从左到右坐在一排椅子上，发现：

（1）A 和 E 都不与 B 相邻；

（2）A 和 E 都不与 D 相邻；

（3）B 和 E 都不与 C 相邻；

（4）D 在 C 的右边并与其相邻。

那么这五个人从左到右的顺序是什么？

16 解析

第一步
A

由（4）D 在 C 的右边并与其相邻 可得到：C、D 相邻。

由（3）B 和 E 都不与 C 相邻 和（2）A 和 E 都不与 D 相邻

可得到：

> C 的左边只能是 A。

A C D

第二步
B

继续由（2）A 和 E 都不与 D 相邻 可得到：

> D 的右边只能是 B。

A C D B

第三步
E

再由（1）A 和 E 都不与 B 相邻可得到：

> E 只能与 A 相邻，在 A 的左边。

E A C D B

答案：这五个人从左到右的顺序是 EACDB。

17 数格子

创造

解题思维方法

如图，在由 1 cm×1 cm 的小正方形组成的网格中写有"2""0""2""1"四个数字（阴影部分），其边线要么是水平或竖直的直线段，要么是连接相应小正方形相邻两边中点的线段，或者是小正方形的对角线，则图中"2""0""2""1"四个数字（阴影部分）的面积一共是多少平方厘米？

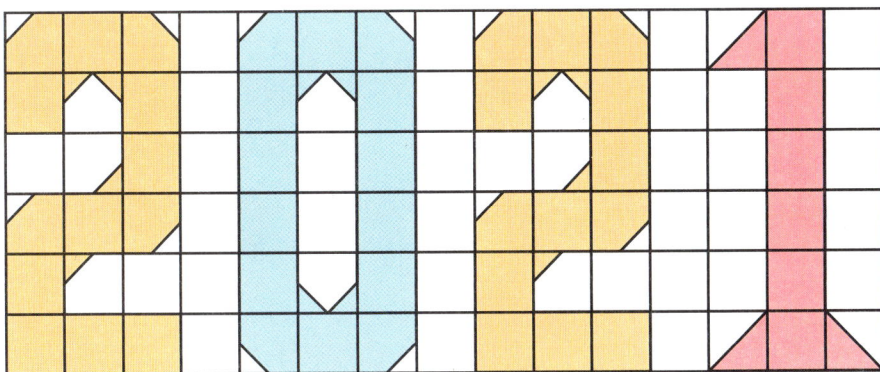

通过观察发现：

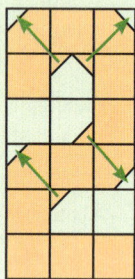 →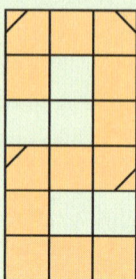

"2"有13格。

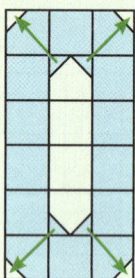 →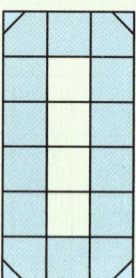

"0"有14格。

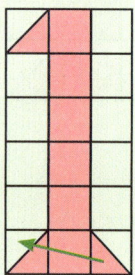 →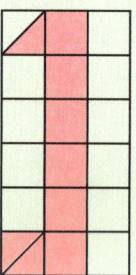

"1"有7.5格。

"2021"的面积＝13＋14＋13＋7.5＝47.5（cm²）

答案：图中"2""0""2""1"四个数字（阴影部分）的面积一共是47.5 cm²。

18 藏宝库密码

抽象概括 · 过滤

解题思维方法

阿里巴巴经过与四十大盗的斗智斗勇，取得了最后的胜利，得到了很多财宝。他为这些财宝找到了一个新的地方作为藏宝库，并设置了宝库密码。有一天，阿里巴巴的妻子准备到藏宝库拿一些财宝换取家用。来到宝库后，她按照阿里巴巴出门前告诉她的密码图形一一摆上，但由于密码图形太多，她忘记了3处，只记得阿里巴巴说过这些图形都是按照规律摆放的。

你能帮助她打开藏宝库的大门吗？

18 解析

规律

由图可知,需要解出的密码在第 2 行和第 3 行,先分析第 1 行、第 4 行、第 5 行的图形,找出规律:每行都有 ▲、●、♥、★ 和一个纯色块 ■ 。

第一步

■

第 3 行缺少一个 ■ ,补上后图形变成了这样:

▲	●	♥		★
①	▲	●	♥	②
	★	▲	●	♥
♥		★	▲	●
●	♥		★	▲

第二步

再观察发现:

　　下一行的图形都在上一行同一图形的右边,最后一个图形在下一行挪到了第 1 个。

　　第 2 行缺少一个 ★ 和一个 ■ ,根据找到的规律可得,■ 在 ♥ 的右边,剩下的①就是 ★ 。

答案:①是 ★ ,②是 ■ ,③是 ■ 。

19 庆元旦

为庆祝元旦来临，学校将举办元旦晚会。晚会总共有歌舞、乐器、小品三大类节目，规定每个班每类节目都要有人参加，每人最多只能参加 2 类节目。五（2）班的班干部整理完节目单发现，班上同学中有 18 人参加歌舞类节目，16 人参加乐器类节目，22 人参加小品类节目。参加节目的同学中有 8 名同学同时参加歌舞和乐器，9 名同学同时参加歌舞和小品，6 名同学同时参加乐器和小品。另外班上还有 7 名同学什么节目都没有参加，负责后勤工作。

快来参加唱歌跳舞呀！

参加乐器表演的快来！

小品真的好有趣，我们定个主题吧！

你知道五（2）班一共有多少名同学吗？

19 解析

此题我们可以通过画韦恩图来解答。

先用不同颜色的圆来表示三类节目：

 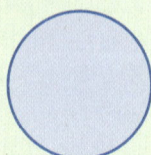 

歌舞　　　　　乐器　　　　　小品

由题意可知，有8名同学同时参加歌舞和乐器；9名同学同时参加歌舞和小品；6名同学同时参加乐器和小品。所以在2个圆重叠部分填上对应的人数。

每个节目参加的人数－与其他2类节目的重叠人数＝只参加某个节目的人数。

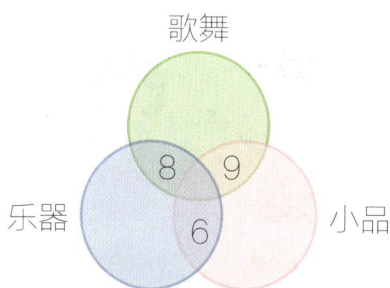

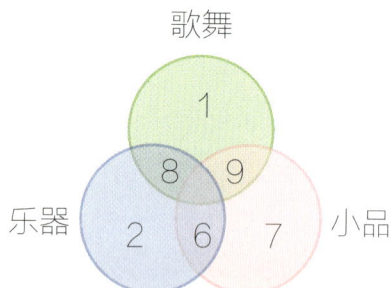

还有7名同学什么节目都没有参加，计算总人数时要加上：

$$1+8+9+2+6+7+7=40（名）$$

答案：五（2）班一共有40名同学。

20 看不见的积木

把大小相同的积木搭成如图 1 所示的样子，图 2 是从后面看到的样子，请问一共用了几块积木？

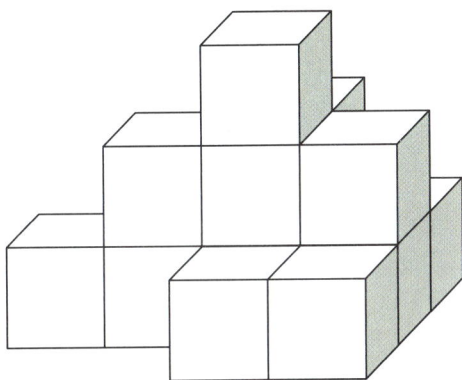

图 1

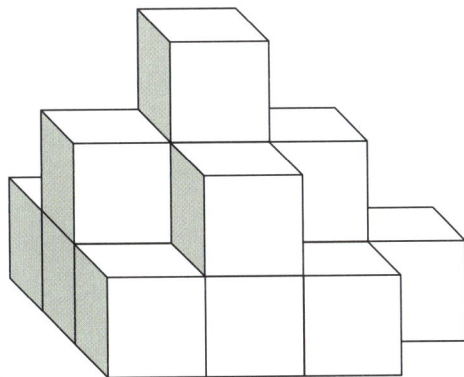

图 2

由图可知:

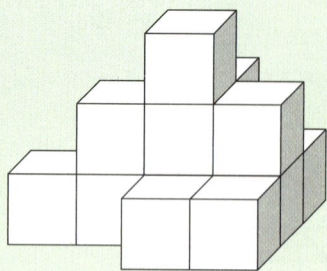

前面

后面

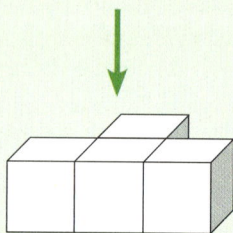

第 3 层 1 个

第 2 层 4 个

绿色是从后面看不到的积木。

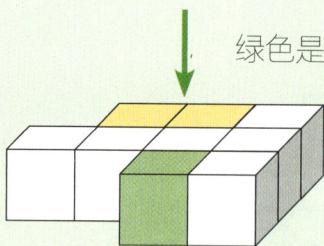

第 1 层 9 个

黄色是从前面看不到的积木。

$$1+4+9=14（块）$$

答案: 一共用了 14 块积木。

21 长方形的面积

有 1 个大长方形和 2 个相同大小的小正方形 ▉，请你根据下面给出的图形组合及相关数据求出长方形的面积。

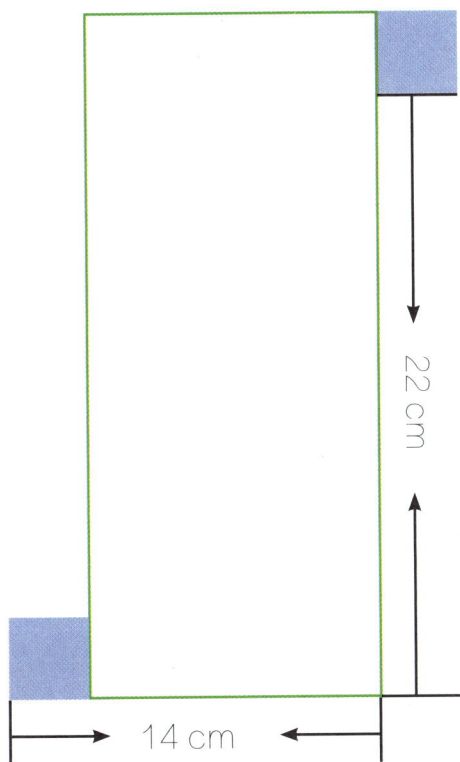

22 cm

14 cm

5 cm

我们将 2 幅图重叠在一起，可以发现：

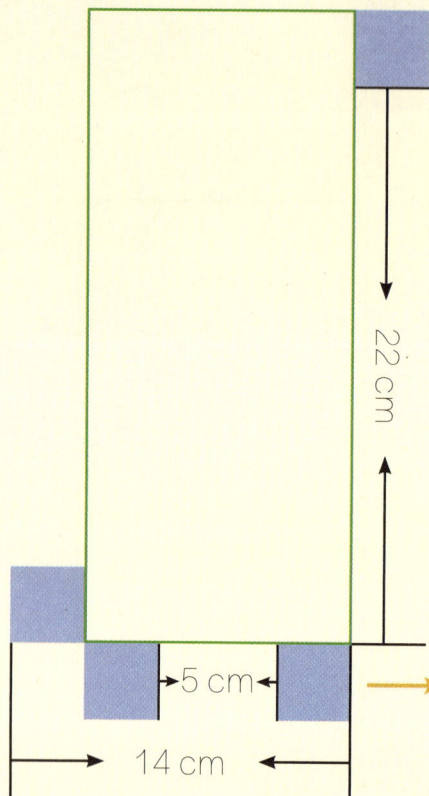

22 cm

5 cm

14 cm

□ + □ + □ +5＝14（cm）

所以 □ ＝（14－5）÷3＝3（cm）

长方形：长 ＝22+3＝25（cm）　　宽 ＝5+3+3＝11（cm）

面积 ＝25×11＝275（cm²）

答案：长方形的面积是 275 cm²。

22 蚂蚁搬蛋糕

一只蚂蚁发现了一块蛋糕，它立刻回巢叫来 2 个同伴，可还是搬不完；于是，每只蚂蚁再回去各找来 1 个同伴，大家接着搬，还是剩下很多蛋糕没有搬完；每只蚂蚁又叫来 1 个同伴，仍然搬不完；蚂蚁们再回去，各自又叫来 1 个同伴……经过反复地寻求帮助，终于在第 8 次各自找来 1 个同伴后，顺利地把这块蛋糕搬完了。

你知道搬这块蛋糕的蚂蚁一共有多少只吗？

22 解析

我们先来一步一步分析题意：

第一步

第一次蚂蚁只数：🐜 + 🐜 🐜 = 🐜 🐜 🐜

第二次蚂蚁只数：

🐜 🐜 🐜 + 🐜 🐜 🐜 = 🐜 🐜 🐜 🐜 🐜 🐜

……

根据题意列表，算出前面 4 次每一次的蚂蚁只数：

次数	第 1 次	第 2 次	第 3 次	第 4 次
🐜 / 只	1+2=3	3×2=6	6×2=12	12×2=24

第二步

由表格可知，每次的 🐜 只数都是前面一次的 2 倍，所以接下来的几次 🐜 数量是：

次数	第 5 次	第 6 次	第 7 次	第 8 次
🐜 / 只	24×2=48	48×2=96	96×2=192	192×2=384

答案： 搬这块蛋糕的蚂蚁一共有 384 只。

23 寻找冠军

逻辑推理

过滤　试探　渐进

解题思维方法

一年一度的校园口算大赛终于迎来了决赛，六位进入决赛的选手都信心满满。经过激烈的答题后，冠军产生啦，可爱的参赛选手们给出了线索，想让大家猜一猜谁是冠军。

小琳

我是第三名。

最后一名是小诗。

小光

小时

小光和我的名次中间还有1个人。

小时和我名次相邻。

小风

小星

小时名次比小风好。

我不用说啦，答案已经出来了。

小诗

你知道谁是冠军吗？

23 解析

分析题意可知：

第一步

小琳：我是第三名。小光：最后一名是小诗。

第一名　第二名　第三名　第四名　第五名　第六名

第二步

小时：小光和我的名次中间还有 1 个人。

小时和小光的名次可能是 1 与 3（排除），2 与 4（✓），3 与 5（排除），4 与 6（排除）。

第三步

小风：小时和我名次相邻。小星：小时名次比小风好。

小风和小时的名次是紧挨着的，且小时名次在小风前面。

如果小时排第二，那么小风排第三。（排除）

如果小时排第四，那么小风排第五。（✓）

因此第二名是小光：

第一名　第二名　第三名　第四名　第五名　第六名

那么小星就是第一名：

第一名　第二名　第三名　第四名　第五名　第六名

答案：小星是冠军。

24 图图的数字卡片

　　图图爸爸为已经上小学的图图准备了一些数字学习卡片，让图图既能玩又能学。有一天，爸爸看到图图在用卡片学习数字，决定考一考他。

　　爸爸在卡片中抽取了如下 4 张，并让图图在"＋、－、×、÷、＝、（　）"这些符号中挑选出合适的符号与数字卡片组成一个等式，使其结果等于 24。

＋　－　×　÷　＝　（　）

24 解析

卡片上的数字与 24 相比较有一个共同的特点：都比 24 小。

第一步

＋

我们先把四个数字相加：

$$2 + 5 + 7 + 8 = 22$$

和为 22，小于 24，所以等式中肯定有乘法计算。

第二步

×

四张卡片中，与 24 存在倍数关系的是 2 和 8，$2×12=24$，5、7、8 不管怎样运算都得不到 12；$8×3=24$，2、5、7 通过如下运算可以得到 3：

$$2 × 5 - 7 = 3$$

所以最后的等式为：

$$(2 × 5 - 7) × 8 = 24$$

答案：$(2×5-7)×8=24$。

25 喝果汁

应用创新

过滤　渐进

解题思维方法

　　小风放假在家每天都帮妈妈做家务，妈妈感到非常欣慰，奖励了小风 10 瓶他爱喝的果汁：4 瓶橙子味的，2 瓶草莓味的，2 瓶芒果味的，1 瓶苹果味的，1 瓶葡萄味的。

　　小风决定分 5 天喝完这些果汁，他计划第 3 天喝 2 瓶橙子味的，其余每天都要喝 2 种不同口味的，葡萄味的果汁第 5 天喝；不在同一天喝橙子味和草莓味的，也不在同一天喝苹果味和草莓味的。

　　如果小风第 1 天和第 2 天都喝草莓味的果汁，那么苹果味的果汁在第几天喝呢？

整理题中的已知信息，我们可知：

第一步

第1天 第2天 第3天 第4天 第5天

第1天和第2天都喝了草莓味的果汁。

第3天喝了2瓶橙子味的果汁。

第5天喝了1瓶葡萄味的果汁。

第二步

橙子味的果汁还剩2瓶：

第1天 第2天 第3天 第4天 第5天

不在同一天喝橙子味和草莓味的，所以剩下的2瓶橙子味的只能在第4天和第5天喝。

第三步

第1天 第2天 第3天 第4天 第5天

不在同一天喝苹果味和草莓味的，所以苹果味的只能在第4天喝；最后剩下的2瓶芒果味的分别在第1天和第2天喝。

答案：苹果味的果汁在第4天喝。

26 家庭作业

愉快的周末又要来啦，老师布置了一道趣味题作为家庭作业，要求学生和家长一起开动脑筋解答。

在右边的加法竖式中，相同的图形代表相同的数字，不同的图形代表不同的数字，且 ★ + ♥ + ● + ☽ + ▲ = 20。那么每个图形分别代表哪个数字呢？

$$
\begin{array}{r}
★\ ♥\ ● \\
+\quad ☽\ ♥\ ▲ \\
\hline
★\ ●\ ☽\ ▲
\end{array}
$$

26 解析

通过观察发现:

⭐是由百位进位所得，所以⭐只能是1。

```
  1  ❤  ●
+    🌙 ❤ ▲
----------
  1  ●  🌙 ▲
```

●＋▲＝▲，不可能进位，所以●只能为0。

```
  1  ❤  0
+    🌙 ❤ ▲
----------
  1  0  🌙 ▲
```

百位上的算式可能为 1＋🌙＝10 或者 1＋🌙＋1＝10，🌙要么是8，要么是9。又因为奇数＋奇数＝偶数，偶数＋偶数＝偶数，所以❤＋❤＝偶数，即🌙只能是8，且十位相加要进位。

```
  1  ❤  0
+ 8  ❤  ▲
----------
1 0  8  ▲
```

十位相加要向百位进1，所以❤＋❤＝18，即❤＝9。

```
  1  9  0
+ 8  9  ▲
----------
1 0  8  ▲
```

▲＝20－⭐－●－🌙－❤
＝20－1－0－8－9
＝2

```
  1  9  0
+ 8  9  2
----------
1 0  8  2
```

答案：⭐＝1，●＝0，🌙＝8，❤＝9，▲＝2。

27 吵闹的动物

四只猫、四只狗和四只老鼠分别关在 12 个笼子内。如果猫和老鼠在同一列，猫就会喵个不停；如果老鼠左右被两只猫夹着，老鼠就会吱个不停；如果狗两侧被猫和老鼠夹着，狗就会汪个不停。其他情况下动物都不叫。某天，编号是③、④、⑥、⑦、⑧、⑨ 的这 6 个笼子很吵闹，其他笼子很安静，那么四只狗所在笼子的编号之和是多少？

第一步

①⑦ 在同一列，⑦ 很吵，① 不吵，所以 ① 是老鼠，⑦ 是猫。

⑥⑫ 为同一列，⑥ 很吵，⑫ 不吵，所以 ⑫ 是老鼠，⑥ 是猫。

第二步

假设 ⑧ 是狗，那么 ⑨ 一定是老鼠，⑨ 的老鼠无法被猫夹着，不成立；

假设 ⑧ 是老鼠，那么 ⑨ 是猫，由 ⑨ 也吵闹，得到 ③ 是老鼠，由 ③ 吵闹，得到 ② 和 ④ 都是猫，这样已经有 5 只猫，不成立；

所以 ⑧ 只能是猫：

②⑧ 在同一列，⑧ 很吵，② 不吵，所以 ② 是老鼠。

第三步

假设 ③ 是猫，那么 ⑨ 是老鼠，⑩ 必须也是猫，不成立；

假设 ③ 是老鼠，它根本不会吵闹，不成立，所以 ③ 是狗。

老鼠　狗（吵闹）　猫

② ③ ④

④⑩ 在同一列，④ 很吵，⑩ 不吵，所以 ⑩ 是老鼠。

④

⑩

现在得出：①②⑩⑫ 是老鼠，④⑥⑦⑧ 是猫，那么 ③⑤⑨⑪ 就是狗。狗所在笼子的编号之和是：3+5+9+11=28。

答案：四只狗所在笼子的编号之和是 28。

28 偷吃的麻雀

应用创新

渐进

解题思维方法

一群麻雀叽叽喳喳地在果园里偷吃水果，果农喊了一声，飞走了 $\frac{1}{6}$ 的麻雀；果农一看郁闷极了，于是拿着锄头挥舞了几下，这次飞走了剩下麻雀的 $\frac{1}{5}$；这时还剩梨树上的 5 只和苹果树上的 7 只麻雀没有飞走，果农摇了摇这 2 棵树，终于将它们全部赶走了。

最开始果园里有几只偷吃的麻雀？

28 解析

用下面的圆来表示所有的麻雀，那么第一次飞走的麻雀数量就是圆的 $\frac{1}{6}$：

第二次飞走了剩余麻雀的 $\frac{1}{5}$，因为第一次之后还剩 $\frac{5}{6}$ 的麻雀，$\frac{5}{6}$ 的 $\frac{1}{5}$ 为 $\frac{1}{6}$，所以第二次与第一次飞走的麻雀一样多：

第三次还剩下 5＋7＝12（只）麻雀，是总数的 $\frac{4}{6}$：

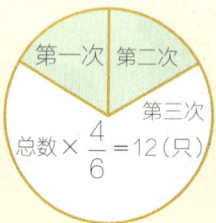

已知 12 只麻雀是一开始麻雀总数的 $\frac{4}{6}$，而第一次和第二次一共飞走了 $\frac{2}{6}$ 的麻雀，由解析图可知，第三次飞走的是第一次和第二次飞走总数的 2 倍，所以第一次和第二次飞走的麻雀总数是 12÷2＝6（只）。

最开始麻雀的总数是 6＋12＝18（只）。

答案：最开始果园里有 18 只偷吃的麻雀。

29 数字消一消

数据处理

逆向 　渐进

解题思维方法

　　数学老师在黑板上画了一个表格，里面写上了不同的数字，如果消去表格中的 4 个数字，剩下的每一横排和竖排的数字总和都等于 90。你知道消去的是哪四个数字吗？

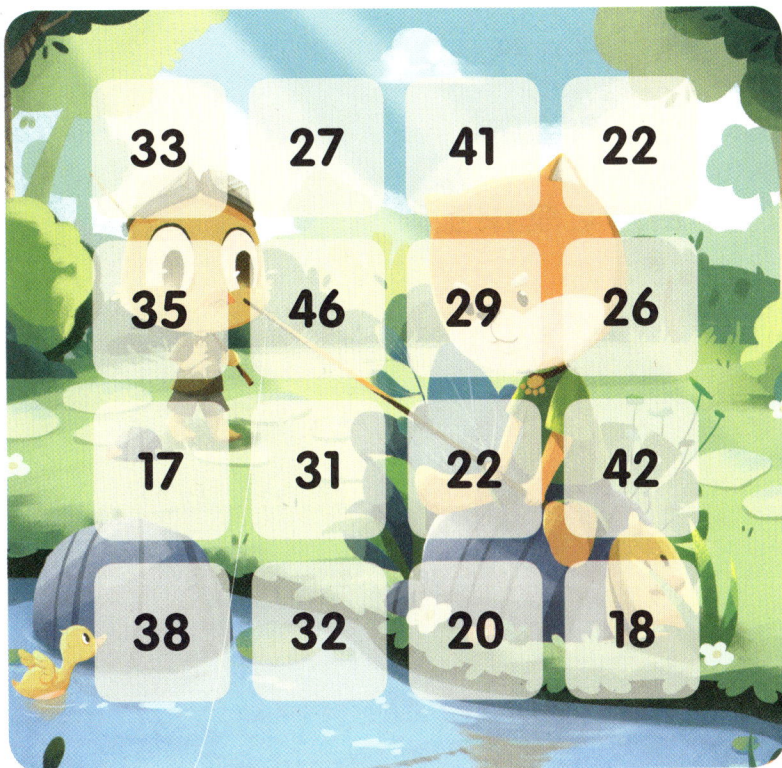

33	27	41	22
35	46	29	26
17	31	22	42
38	32	20	18

第一步

先一行一行计算：

~~33~~	27	41	22
35	~~46~~	29	26
17	31	~~22~~	42
38	32	20	~~18~~

$33+27+41+22-90=33$（消去 33）

$35+46+29+26-90=46$（消去 46）

$17+31+22+42-90=22$（消去 22）

$38+32+20+18-90=18$（消去 18）

第二步

消去数字后再验算竖排：

~~33~~	27	41	22
35	~~46~~	29	26
17	31	~~22~~	42
38	32	20	~~18~~

$35+17+38=90$

$22+26+42=90$

$27+31+32=90$　　$41+29+20=90$

竖排剩余的数字加起来都是 90，符合题意。

答案：消去的四个数字分别是 33、46、22、18。

30 完美长方形

空间图形

渐进

解题思维方法

如果一个长方形能够被分割为若干个边长不等的小正方形，则称这个长方形为完美长方形。已知下面的长方形是一个完美长方形，分割方法如图所示，若其中没有标序号的三个小正方形的边长分别为 1 cm、2 cm、7 cm，那么这个完美长方形的周长是多少？

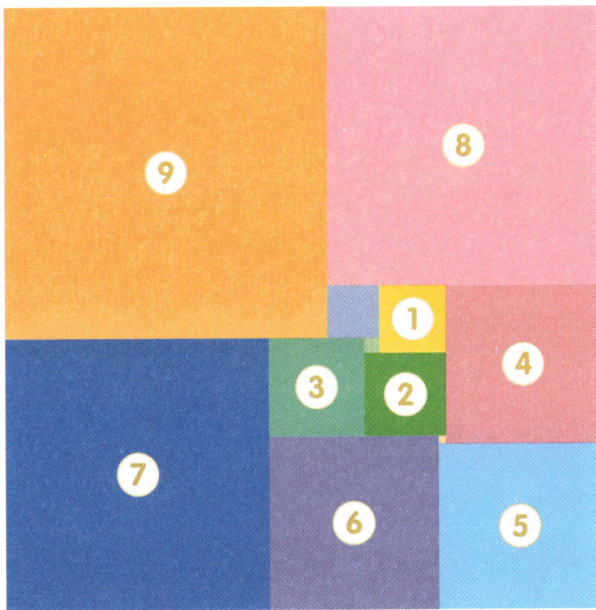

　　要求长方形的周长得先求出长方形的长和宽。已知没有标序号的 3 个小正方形的边长，根据它们的边长关系一步步推出其他小正方形的边长，进而求得长方形的周长。

我们先求出小正方形①~⑨的边长：

① 的边长 =2+7=9（cm）

　　↓ +2

② 的边长 =11（cm）

　　↓ +2

③ 的边长 =13（cm）

④ 的边长 = ① + ② +1=21（cm）

　　↓ +1

⑤ 的边长 =22（cm）

　　↓ +1

⑥ 的边长 =23（cm）

⑦ 的边长 = ③ + ⑥ =36（cm）

⑧ 的边长 = ① + ④ +7=37（cm）　→ +7 →　⑨ 的边长 =44（cm）

所以，这个完美长方形的周长为：

（ ⑦ 的边长 + ⑨ 的边长）×2+（ ⑧ 的边长 + ⑨ 的边长）×2

=（36+44+37+44）×2

=322（cm）

答案：这个完美长方形的周长是 322 cm。